아산재단 연구총서 第388집

사회자본과 경제발전 그리고 정부의 질

도 수 관

집문당

아산재단 연구총서 제388집

사회자본과 경제발전 그리고 정부의 질

2015년 8월 10일 1판 1쇄

저　자 | 도수관
발행인 | 임동규
발행처 | **집문당**
등　록 | 1971. 3. 23. 제300-2012-69호
영업부 | 413-120 경기도 파주시 광인사길 85
(02)743-3192~3　팩스(02)742-4657
전자우편 | sale@jipmoon.co.kr
편집부 | 110-360 서울시 종로구 돈화문로 82
(02)743-3096~7　팩스(02)743-0227
전자우편 | edit@jipmoon.co.kr
홈페이지 | www.jipmoon.co.kr

ISBN 978-89-303-1692-7
978-89-303-1500-5(세트)
가격 9,500원

이 도서의 국립중앙도서관 출판시도서목록(CIP)은 e-CIP홈페이지(http://www.nl.go.kr/ecip)와 국가자료공동목록시스템(http://www.nl.go.kr/kolisnet)에서 이용하실 수 있습니다.
(CIP제어번호: CIP2015019395)

머리말

최근까지 많은 경제학자들은 좋은 경제 시스템이나 경제 제도가 그 국가의 경제성장에 매우 중요한 요인이라고 끊임없이 주장해 왔다. 특히 이들은 공공 부문에서 좋은 경제 시스템이나 경제 제도와 같은 경제구조를 확립하는 것이 정부의 생산성과 효율성 증대로 이어져 궁극적으로 국가의 지속적 성장에 매우 긍정적인 기여를 한다고 주장한다. 실제로 이러한 이론적 주장들은 지난 50년 동안 좋은 정부 구조를 갖추고 있던 유럽의 경제성장을 경험하면서 실증적으로 뒷받침되기도 했다. 그렇다면 좋은 정부 시스템이나 정부 구조는 구체적으로 무엇인가? 그것은 바로 '질 좋은 정부'를 의미한다고 볼 수 있다. 정부의 질(quality of government)이 높은 국가야말로 정부의 높은 생산성과 효율성을 추구할 수 있으며, 그것을 통해 지속적인 경제발전과 성장을 할 수 있다. 따라서 최근 각국은 정부의 질을 높이기 위해 많은 노력을 기울이고 있다.

정부의 질은 국가의 정부 운영 방식에 따라 달라질 수 있다. 예컨대 거버넌스 방식을 주로 채택할 것인지 아니면 민간 시장을 주로 활용할 것인지에 따라 국가의 정부 운영 방식을 구분할 수 있다. 또한 각국의 정부 운영 방식은 정부 역할에 대한 패러다임이 시대적으로 어떻게 변해 왔는지에 따라 서로 다른 형태를 보인다. 뿐만 아니라 개별 국가의 역사적 경험과 제도의 차이에 따라 정부 운영 방식 또한 상이한 모습을 보인다. 예를 들어 고전적 자본주의 시대의 정부 역할에 대한 사람들의 인식은 자유방임주의에 기초한다. 정부는 국방, 치안, 도로 건설 등 국가 유지를 위해 필요한 기본적 공공재 공급 역할만을 수행하고, 나머지는 시장(민간)이 담당해야 할 역할로 간주되었다. 20세기에 들어서서, 선진국의 경우 경제에서는 케인스적 수정자본주의가 자유방임주의를 대체하게 되었으며, 개발도상국의 경우는 근대화 과정에서 발전국가론을 채택하여, 국가가 경제성장을 위하여 자원 동원과 배분 과정에서 적극적으로 개입하는 것을 지지하였다. 그러나 1970년대 이후 케인스적 재정 정책이 더 이상 선진국의 실업과 인플레이션 문제 해결에 효과적인 처방이 되지 못하고 복지 지출의 증가에 따라 재정 적자가 심화되면서, 정부 역할 확대에 대한 비판이 제기되었다. 뿐만 아니라 발전국가론을 채택하여 1990년대 중반까지 비약적인 경제성장을 이루었던 동아시아 개발도상국들은 경제 구조의 고도화와 세계화라는 대내외적 환경 변화에 따라 국가 주도 경제성장의 유효성에 대한 의문을 제기하기 시작하였다. 이에 따라 1980년대 이후 국가 역할 축소로 패러다임의 회귀가 발생하였으며, 이런 경향은 공산권의 붕괴와 세계화에 의하여 더욱 촉진되었다. 영국의 대처주의와 미국의 레이거노믹스는 신자유주의로 불리는 이러한 패러다임 전환을 국정에 반영한 대표적인 사례라고 볼 수 있다.

영미권에서 시작된 신자유주의는 1980년대와 90년대를 거치면서 더 많은 국가로 확산되었다. 정부 개입을 축소하고 시장의 역할을 강조하는 신자유주의적 정부관은 적어도 최근의 세계적인 경제 침체 이전까지 주도적인 패러다임으로서 대부분의 선진국과 개발도상국의 정부 운영에 큰 영향을 미치고 있다.

비록 신자유주의적 정부관이 세계 각국의 국정에 큰 영향을 미치고는 있지만, 국가마다 이를 수용하는 정도와 방식 및 내용은 매우 다르다. 한 국가 내에서도 이념이나 계층에 따라 신자유주의에 대한 찬반의 태도도 크게 다를 것이다. 특히 개별 국가의 서로 다른 역사적 경험, 제도, 문화 등은 사회자본의 구성 및 수준에도 많은 영향을 미치는 것으로 이해되어, 각국의 사회자본 수준에 따라 국정 운영의 결과가 달라질 수 있다는 주장도 제기되고 있다.

사회자본은 오늘날 경제적 측면에서 물적자본, 인적자본, 지식자본, 창의적 기업가정신자본 등과 더불어 개인과 사회 발전을 위한 또 하나의 경제적 가치를 지니는 자본으로 간주된다. 사회자본은 공동체 구성원 간의 적극적인 관계(네트워크) 형성을 통해 구성원을 결집하고, 이를 토대로 공동체 문제를 해결함과 동시에 구성원 개개인의 행복 증진과 욕구 충족을 촉진시키는 매개 역할을 수행한다. 이 역할이 활발하게 수행되기 위해서는 공동체 구성원이 시민 의식을 지녀야 하며, 구성원 간의 관계 형성은 서로에 대한 신뢰를 바탕으로 이루어져야 한다. 즉 사회자본의 기본 가정은 공동체 구성원이 문제 해결을 위해 적극적으로 참여하고 공동체 구성원 간에 상호 신뢰에 기초한 네트워크를 형성하여 서로 대화하고 협력하면 그 공동체가 직면한 문제들은 대부분 해결될 것이며, 구성원 각자의 행복 증진과 만족도가 향상된다는 것이다. 이 과정에서 공동체 구성원 간의 약속과 규범이 지켜져야 하며, 사익보다는 공익이 우선시되어야 한다. 이 경우 공동체는 가족이 될 수도 있고, 학교나 직장, 각종 사회단체나 조직, 지역사회 및 국가가 될 수도 있다.

사회자본은 개인과 사회 발전에 필요하고 유용한 전문 지식과 정보의 생산, 소유, 전달을 중요시하는 오늘날, 우리가 살고 있는 지식정보화사회에서 그 역할이 특히 강조되고 있다. 아울러 지식정보사회에서 사회자본의 기능과 역할은 향후 더욱더 중요시될 것이며, 그로 인해 사회자본의 기능과 역할에 대한 논의도 더욱더 확대될 전망이다. 특히 사회자본을 구성하는 신뢰, 네트워크, 시민 의식과 같은 하위 구성 요소들이 변화하는 외부 환경에 대처하는 정부의 기능과 역할, 그리고 국정 운영 방식에 미치는 영향에 대한 논의는 궁극적으로 정부의 질적 수준을 높이기 위한 방법과 대안을 모색하는 과정에서 더욱더 적극적으로 이루어질 전망이기 때문에 이에 대한 연구는 상당히 필요하다. 그럼에도 불구하고 최근까지 이루어진 정부의 질에 대한 선행 연구들에서 사회자본이 정부의 질에 미치는 영향 및 그 기능과 역할의 중요성을 강조한 연구는 그다지 많지 않다.

본 연구에서는 기존 연구들의 한계를 고려하여, 서로 다른 발전 과정을 거치면서 서로 다른 특징과 수준의 사회자본을 지닌 개별 국가가 신자유주의와 같은 패러다임의 변화에 적절히 대응해 나가기 위한 정부의 기능과 역할, 국정 운영 방식, 그에 따른 정부의 질적 수준이 크게 다르다는 것을 실증 분석을 통해 유형화하고 비교 분석함으로써 사회자본과 정부의 질의 관계에 대한 수준을 한층 높이고자 한다. 이것이 본 연구의 첫 번째 목적이다.

본 연구의 또 다른 목적은 '사회자본과 경제발전의 관계 유형'과 '정부의 질'의 관계 규명을 통해 정부의 질을 높이기 위한 수단과 방법으로써 사회자본 활용의 중요성을 강조하는 것이다. 그동안 전 세계적인 재정 및 금융 위기를 경험하면서, 각국은 효율성, 형평성, 민주성, 불편 부당성 등 다양한 측면에서 정부의 질적 수준 향상을 추구해 왔다. 그렇지만 각국 정부의 질적인 수준 차이는 여전히 존재하고, 그로 인해 정부의 질이 낮은 국가들은 질적 향상에 긍정적인 영향을 미칠 수 있는 요인들을 찾기 위해 다양한 노력을 경주하고 있다. 이와 관련하여 선행 연구들은 사회자본이 정부의 질을 향상시키는 데 긍정적인 기여를 한다고 주장한다. 사회자본은 정부가 다양한 사회단체 및 시민단체와의 긍정적 네트워크를 형성하는 데 기여하며, 이러한 네트워크는 곧 정부 업무의 효과성과 능률성을 향상시킨다. 궁극적으로는 좋은 정부 또는 정부의 질 향상과 같은 긍정적인 효과를 도출함으로써 오늘날 시민 사회에서 매우 중요한 요소로 작용함을 알 수 있다. 그러나 사회자본과 정부의 질의 관계는 경제발전 수준에 따라 달라질 수 있다. 선행 연구들에 따르면, 한 국가의 사회자본 수준은 그 국가의 경제발전 수준에 긍정적인 영향을 미친다. 다시 말해 개별 국가의 서로 다른 역사적 경험과 제도의 차이로 인해 각국은 서로 다른 수준의 사회자본을 형성하게 되고, 이는 다시 그 국가의 경제발전 수준에 영향을 미치기 때문에 궁극적으로 정부의 질적 수준도 사회자본과 경제발전 간의 조합에 의해 달라지게 된다. 여기에 시대에 따른 정부 역할 패러다임의 가변성이 더해지면서, 정부의 질적 변화 또는 질적 향상을 설명하는 것은 상당히 복잡한 과정이다. 그럼에도 불구하고 이에 대한 이론적, 실증적 논의는 좋은 정부 또는 정부의 질적 향상을 위해서는 매우 필요한 과정이다.

이와 같은 학문적(이론적, 실제적) 필요성에도 불구하고 그동안 행정학, 정책학을 비롯한 사회 과학에서 이루어진 논의들을 살펴보면 사회자본과 경제발전의 관계를 유형화한 연구는 없다. 뿐만 아니라 그와 같은 유형화를 정부의 질을 설명하는 데 적용한 연구도 없다. 대부분 사회자본과 정부의 질의 관계를 유형화하기보다는 사회자본에 관한 연구 또는 경제발전에 관한 연구, 정부의 질에 관한 연구들처럼 각각 개별적인 형태로 이루어졌다. 어떤 특성이 대상들 간에 발현되는 수준과 내용에 따라 유형을 분류하고 서로 비교하는 것은 해당 특성을 보다 체계적으로 명료하게 이해할 수 있도록 하며, 이는 '사회자본과 경제발전의 관계'에서도 마찬가지이다. 그런데 전술하였듯이 행정의 관점에서 국가별 경제발전 수준을 그 국가의 사회자본과의 관계 규명을 통해 유형화하고, 실증 분석한 연구는 전무하다. 뿐만 아니라 정부의 질을 제고하기 위한 많은 행정적 노력에도 불구하고, 행정의 관점에서 정부의 질을 사회자본과 경제발전의 관계 유형에 적용해 실증 분석한 연구도 거의 없다.

행정학에서는 특히 1990년대 이후 사회자본에 대한 논의가 어느 정도 이루어졌다. 그러나 사회자본과 경제발전의 관계 유형과 정부의 질 간의 관계에 관한 논의는 매우 드물며, 양자의 관계를 종합하여 각각의 관계를 규명하고, 이러한 두 차원으로부터 국가별 사회자본과 정부의 질의 관계의 공통점과 차이점을 분석하는 연구는 아직 없었다. 개별 차원에 대한 연구가 어느 정도 축적된 다음에는 이들을 종합하고 체계화하는 연구가 필요한데, 본 연구에서 수행하려는 것이 바로 이에 해당한다. 2000년대 이후부터 정부의 질에 대한 논의도 촉발되어 정부의 질에 대한 개념적 논의, 정부의 질적 제고를 위한 방법 등에 대한 논의들이 본격적으로 이루어지고 있다. 그러나 정부의 질적 수준이 사회자본과 경제발전의 관계에 따라 달라질 수 있음에도 불구하고 이에 대한 이론적, 실증적 연구가 없다는 점에서 본 연구는 더욱 필요하다.

본 연구에서 이루어지는 작업들을 통해 사회자본과 정부의 질의 관계의 다양한 측면들에 대한 이해가 깊어질 것이며, 정부의 질에 대한 이론적, 실증적 연구 결과도 축적할 수 있을 것이다. 이는 선행 연구들에서 제대로 다루지 못했던 사회자본과 경제발전의 관계, 그리고 정부의 질에 대한 논의의 수준을 한층 높일 수 있을 것이다.

본 연구는 이와 같은 목적과 기대효과로 아산사회복지재단의 연구비 지원을 받아 2012년부터 1년간 진행되었다. 특히 제3장은 2010년에 미국 애리조나에서 개최된 Western Regional Science Association 학술 대회에서 본 연구자가 발표한 논문에서 아이디어를 얻어 이를 수정 및 보완한 내용이며, 제4장은 2011년에 미국 마이애미에서 열린 제58회 North American Regional Science Association International Conference에서 저자가 발표한 논문을 수정 및 보완하여 정리한 것이다.

그동안 본 연구의 진행에 많은 도움을 주신 분들에게 진심으로 감사의 말씀을 드린다. 그리고 본 연구를 수행하는 동안 국내외 학술대회에서 유익한 견해를 주신 많은 분들께도 진심으로 감사한 마음을 전한다. 끝으로 눈에 넣어도 아프지 않은 귀여운 딸아이 도송현의 육아와 가사를 함께 돌보느라 바쁜 가운데에도 남편의 원고 작업에 지지와 응원을 해 준 아내 최정미에게 항상 감사하며, 마지막까지 최선을 다해 원고 교정을 맡아 준 집문당출판사 이현정 님께도 고마운 마음을 전한다.

2015년 8월

도수관

| 차 례 |

제1장 서 론

제1절 연구의 배경과 목적 및 특징 …… 3
1. 연구의 배경과 목적 …… 3
2. 연구의 특징 …… 11
제2절 연구 방법과 연구 범위 …… 15
1. 연구 방법 …… 15
2. 연구 범위 …… 23

제2장 사회자본

제1절 사회자본의 개념 …… 27
1. 사회자본 개념의 도입과 정의 …… 27
2. 사회자본 개념 적용 시 유의점 …… 30
3. 사회자본에 관한 선행 연구 …… 36
제2절 사회자본의 핵심 구성 요소 …… 43
1. 신뢰 …… 43
2. 사회 네트워크 …… 45
3. 시민 의식 …… 46
제3절 사회자본의 측정 …… 47
1. 사회자본 측정 지표 …… 47
2. 국가별 사회자본 수준 측정 …… 56

제3장 사회자본과 경제발전

제1절 경제발전의 설명 요인으로 사회자본 개념의 도입 ············ 61
제2절 사회자본과 경제발전의 관계 ············ 66
1. 경제발전 ············ 66
2. 사회자본과 경제발전의 관계 ············ 72
제3절 분석 방법과 분석 자료 ············ 79
1. 분석 방법 ············ 79
2. 분석 자료와 변수들 ············ 82
제4절 사회자본과 경제발전의 관계 분석 ············ 86
1. 기술통계분석 ············ 86
2. 회귀분석 결과 ············ 88
제5절 소결 ············ 94

제4장 사회자본과 정부의 질

제1절 정부의 질적 수준 설명 요인으로 사회자본 개념의 도입 ··· 99
제2절 사회자본과 정부의 질의 관계 ············ 103
1. 정부의 질 ············ 103
2. 사회자본과 정부의 질의 관계 ············ 107
제3절 분석 자료와 분석 방법 ············ 113
1. 사회자본과 경제발전의 관계 유형화: 퍼지셋 분석 기법 적용 ············ 113
2. 분석모형 ············ 117
3. 분석 자료와 변수들 ············ 118
제4절 사회자본과 경제발전, 그리고 정부의 질의 관계 ············ 123
1. 기술통계분석 ············ 123
2. 회귀분석 결과 ············ 124
제5절 소결 ············ 132

제5장 결 론

제1절 연구 결과의 요약 ······ 137
제2절 정책적 함의 ······ 140
제3절 후속 연구를 위한 제언 ······ 143

부록 ······ 145
참고문헌 ······ 147
찾아보기 ······ 163

| 표 차례 |

〈표 1-1〉 퍼지셋 점수(Fuzzy-set Scores) ······ 19
〈표 2-1〉 사회자본의 개념 정의 ······ 28
〈표 2-2〉 사회자본과 다른 형태의 자본들 간의 유사점과 차이점 ······ 32
〈표 2-3〉 사회자본의 잠재적 비용과 편익 ······ 35
〈표 2-4〉 사회자본, 경제발전, 정부의 질, 그리고 유형화와 관련한 선행 연구 정리 ······ 39
〈표 2-5〉 사회자본 측정지표들 ······ 49
〈표 2-6〉 사회가치조사 자료를 이용한 사회자본 측정에 관한 선행 연구: 국가수준에서 측정 ······ 51
〈표 2-7〉 사회자본지수(Social Capital Index: SCI) 분류표 ······ 56
〈표 2-8〉 사회자본지수와 하위 측정 지표에 대한 기술통계량 ······ 57
〈표 3-1〉 사회자본이 경제적 성과에 미치는 영향에 관한 실증연구: 분석 수준과 사회자본 측정지표별 구분 ······ 63
〈표 3-2〉 국가수준의 사회자본 측정 ······ 80
〈표 3-3〉 변수 정의와 자료 출처 ······ 86
〈표 3-4〉 기술통계량 ······ 87
〈표 3-5〉 상관관계표 ······ 88
〈표 3-6〉 회귀분석 결과 ······ 89
〈표 3-7〉 회귀분석 결과: 변수들 간의 상호작용을 고려 ······ 92
〈표 4-1〉 통치 패러다임과 거버넌스 패러다임 간의 비교 ······ 104
〈표 4-2〉 퍼지셋 점수 ······ 115
〈표 4-3〉 변수 설명과 자료 출처 ······ 122
〈표 4-4〉 기술통계량 ······ 124
〈표 4-5〉 회귀분석 결과 1: 정부의 질 모형 ······ 125
〈표 4-6〉 회귀분석 결과 2: 사회자본과 경제발전 간의 상호작용을 포함한

정부의 질 모형 ……………………………………………………… 127
〈표 4-7〉 회귀분석 결과 3: SC-ED 유형을 포함한 정부의 질 모형 …… 128
〈표 4-8〉 회귀분석 결과 4: SC-ED 유형, 사회자본, 경제발전을 모두
고려한 정부의 질 모형 ……………………………………………… 130

〈부록〉 사회자본지수(SCI) 개발에 활용된 제5차 세계가치조사의
문항들 ……………………………………………………………… 145

| 그림 차례 |

〈그림 2-1〉 각국의 사회자본 수준 ··· 58
〈그림 4-1〉 퍼지셋 점수를 활용한 사회자본과 경제발전의 관계에 관한 산점도 ··· 116

제1장 서 론

제1절 연구의 배경과 목적 및 특징
제2절 연구 방법과 연구 범위

제1장 서 론

제1절 연구의 배경과 목적 및 특징

1. 연구의 배경과 목적

많은 경제학자들은 최근까지 좋은 경제 시스템이나 경제 제도가 그 국가의 경제성장에 매우 중요한 요인이라고 끊임없이 주장해 왔다. 특히 이들은 공공 부문에서 좋은 경제 시스템이나 경제 제도와 같은 경제 구조를 확립하는 것이 정부의 생산성과 효율성 증대로 이어져 궁극적으로 국가의 지속적 성장에 매우 긍정적인 기여를 한다고 주장한다. 실제로 이러한 이론적 주장들은 지난 50년 동안 좋은 정부구조를 갖추고 있던 유럽의 경제성장을 경험하면서 실증적으로 뒷받침되기도 했다. 그렇다면 좋은 정부 시스템이나 정부 구조는 구체적으로 무엇인가? 그것은 바로 '질 좋은 정부'를 의미한다고 볼 수 있다. 정부의 질(quality of government)이 높은 국가야말로 높은 정부의 생산성과 효율성을 추구할 수 있으며, 그것을 통해 지속적인 경제발전과 성장을 할 수 있다.

정부의 질은 각 국가의 정부 운영 방식에 따라 달라질 수 있다. 예컨대 거버넌스 방식을 주로 채택할 것인지 아니면 민간 시장을 주로 활용할 것인지에 따라 국가의 정부 운영 방식을 구분할 수 있다. 또한 각국의 정부 운영 방식은 정부 역할에 대한 패러다임이 시대적으로 어떻게 변해왔는지에 따라 서로 다른 형태를 보인다. 개별 국가의 역사적 경험과 제도의 차이에 따라 정부 운영 방식 또한 상이한 모습을 보인다. 예를 들어 고전적 자본주의 시대의 정부 역할에 대한 사람들의 인식은 자유방임주의에 기초한다. 정부는 국방, 치안, 도로 건설 등 국가 유지를 위해 필요한 기본적 공공재 공급 역할만을 수행하고, 나머지는 시장(민간)이 담당해야 할 역할로 간주되었다. 20세기에 들어서서, 선진국의 경우 경제에서는 케인스적 수정자본주의가 자유방임주의를 대체하게 되었으며, 개발도상국의 경우는 근대화 과정에서 발전국가론을 채택하여, 국가가 경제성장을 위하여 자원 동원과 배분 과정에서 적극적으로 개입하는 것을 지지하였다. 그러나 1970년대 이후 케인스적 재정 정책이 더 이상 선진국의 실업과 인플레이션 문제 해결에 효과적인 처방이 되지 못하고 복지 지출의 증가에 따라 재정 적자가 심화되면서, 정부 역할 확대에 대한 비판이 제기되었다. 뿐만 아니라 발전국가론을 채택하여 1990년대 중반까지 비약적인 경제성장을 이루었던 동아시아 개발도상국들은 경제구조의 고도화와 세계화라는 대내외적 환경 변화에 따라 국가 주도 경제성장의 유효성에 대한 의문을 제기하기 시작하였다. 이에 따라 1980년대 이후 국가 역할 축소로 패러다임의 회귀가 발생하였으며, 이런 경향은 공산권의 붕괴와 세계화에 의하여 더욱 촉진되었다. 영국의 대처주의와 미국의 레이거노믹스는 신자유주의로 불리는 이러한 패러다임 전환을 국정에 반영한 대표적인 사례라고 볼 수 있다.

영미권에서 시작된 신자유주의는 1980년대와 90년대를 거치면서 더 많은 국가로 확산되어 정부 개입을 축소하고 시장의 역할을 강조하는 신자유주의적 정부관은 적어도 최근의 세계적인 경제 침체 이전까지는 주도적인 패러다임으로서 대부분의 선진국과 개발도상국의 정부 운영에 큰 영향을 미치고 있다.

비록 신자유주의적 정부관이 세계 각국의 국정 운영에 큰 영향을 미치고는 있지만, 개별 국가의 역사적 경험, 제도, 문화 등의 차이에 따라 이를 수용하는 정도와 방식 및 내용은 매우 다르다. 뿐만 아니라 동일한 국가 내에서도 이념이나 계층에 따라 신자유주의에 대한 찬반의 태도도 크게 다를 것이다. 특히 개별 국가의 서로 다른 역사적 경험, 제도, 문화 등은 사회자본(social capital)의 구성 및 수준에도 많은 영향을 미치는 것으로 판단하여 각국의 사회자본 수준에 따라 국정 운영의 결과가 달라질 수 있다는 주장도 제기되고 있다.

사회자본은 오늘날 경제적 측면에서 물적자본(physical capital), 인적자본(human capital), 지적자본(knowledge capital)과 더불어 개인과 사회 발전을 위한 또 하나의 경제적 가치를 지니는 자본으로 간주된다. 사회자본은 공동체 구성원 간의 적극적인 관계(네트워크) 형성을 통해 구성원을 결집하고, 이를 토대로 공동체 문제를 해결함과 동시에 구성원 개개인의 행복 증진과 욕구 충족을 촉진하는 매개 역할을 수행하는 것이다. 그러기 위해서는 공동체 구성원이 시민 의식을 지녀야 하며, 구성원 간의 관계 형성은 서로에 대한 신뢰를 바탕으로 이루어져야 한다. 즉 사회자본의 기본 가정은 공동체 구성원이 문제 해결을 위해 적극적으로 참여하고 공동체 구성원 간에 상호 신뢰에 기초한 네트워크를 형성하여 서로 대화하고 협력하면 그 공동체가 직면한 문제들은 대부분 해결될 것이며, 구성원 각자의 행복 증진과 만족도가 향상된다는 것이다. 이 과정에서 공동체 구성원 간의 약속과 규범이 지켜져야 하며, 사익보다는 공익이 우선시되어야 한다. 이 경우 공동체는 가족이 될 수도 있고, 학교나 직장, 각종 사회단체나 조직, 지역사회 및 국가가 될 수도 있다.

사회자본은 개인과 사회 발전에 필요하고 유용한 전문 지식과 정보의 생산, 소유, 전달을 중요시하는 오늘날과 같은 지식정보화사회에서 그 역할이 특히 강조되고 있다. 물적자본은 원시시대부터 현대의 지식정보사회에 이르기까지 그 중요성이 강조될 정도로 개인과 사회 발전 및 경제성장에 아주 중요한 기본적인 요소이다. 인적자본은 산업사회가 성숙하고 인간의 창의적인 아이디어가 자산 가치를 지니게 되면서부터 물적 자본과 함께 강조되었다. 특히 Robert Solow(1957)와 같은 신고전적 경제성장론자들은 자본과 노동의 한계생산성 감소(diminishing marginal product of capital and labor)를 주장하면서 인적자본과 물적자본의 양적, 질적 향상을 강조하였다. 그러나 이들은 새로운 지식정보화사회에서 지식(knowledge)과 기술(technology)이 경제성장에 매우 중요한 내생적 요소라는 점을 간과하였을 뿐만 아니라 그로 인한 경제성장의 예측치와 관찰치의 불일치(Solow residual)를 설명하지 못했다.

Romer(1986)와 Lucas(1988)와 같은 내생적 경제성장론자들은 지식의 중요성과 기술 변화(technological change)를 주장하면서 Solow residual의 일정 부분을 설명하고자 하였다. Schultz(1967)나 Becker(1975)와 같은 인적자본의 중요성을 강조하던 학자들도 교육을 통한 인적자본의 축적이 궁극적으로 지속적인 경제성장에 긍정적인 기여를 한다고 주장하면서 Solow residual의 또 다른 부분을 설명하고자 했다. 그렇지만 오늘날 우리가 살고 있는 개인과 사회 발전에 필요하고 유용한 전문 지식과 정보의 생산, 소유, 전달을 중요시하는 지식정보화사회에서 중요한 기능을 수행하는 사회자본의 역할이 더욱더 부각되어 이에 대한 논의도 확대될 전망이다. 특히 사회자본을 구성하는 신뢰, 네트워크, 시민 의식과 같은 하위 구성 요소들이 변화하는 외부 환경에 대처하는 정부의 기능과 역할, 그리고 국정 운영 방식에 미치는 영향에 대한 논의는 정부의 질적 수준을 높이기 위한 방법과 대안을 모색하는 과정에서 더 적극적으로 이루어질 전망이기 때문에 이에 대한 연구는 상당히 필요하다. 그럼에도 불구하고 최근까지 이루어진 정부의 질에 대한 선행 연구들에서 사회자본이 정부의 질에 미치는 영향 및 그 기능과 역할의 중요성을 강조한 연구는 그다지 많지 않다.

정리하면, 개별 국가는 서로 다른 발전 과정을 거치면서 각각 다른 형태의 사회자본이 형성되었을 뿐만 아니라 그 수준도 다르다. 또한 시대가 변하면서 자유방임주의, 수정자본주의, 신자유주의 등과 같은 패러다임도 변하였다. 그렇기 때문에 서로 다른 특징과 수준의 사회자본을 지닌 개별 국가가 신자유주의와 같은 패러다임의 변화에 대응하기 위한 정부의 기능과 역할, 국정 운영 방식, 그리고 그에 따른 정부의 질적 수준도 국가별로 크게 다르다. 이처럼 사회자본과 정부의 질의 관계가 국가별로 다르다는 것을 실증 분석을 통해 유형화하고 비교 분석하여 사회자본과 정부의 질의 관계에 대한 수준을 한층 높이는 것이 본 연구의 첫 번째 목적이다.

본 연구의 또 다른 목적은 '사회자본과 경제발전의 관계 유형'과 '정부의 질' 간의 관계 규명을 통해 정부의 질을 높이기 위한 수단과 방법으로써 사회자본 활용의 중요성을 강조하는 것이다. 그동안 전 세계적인 재정 및 금융위기를 경험하면서, 각국은 효율성, 형평성, 민주성, 불편부당성 등과 같이 다양한 측면에서 정부의 질적 수준 향상을 추구해 왔다. 그렇지만 각국 정부의 질적인 수준 차이는 여전히 존재하고, 그로 인해 정부의 질이 낮은 국가들은 질적 향상에 긍정적인 영향을 미칠 수 있는 요인들을 찾기 위해 다양한 노력을 경주하고 있다. 이와 관련하여 선행 연구들(예: Knack, 2002; Lowndes, 2001; Lowndes et al., 1998)은 사회자본이 정부의 질을 향상시키는 데 긍정적인 기여를 한다고 주장한다. 즉, 사회자본은 (중앙 및 지방)정부가 다양한 사회단체 및 시민단체들과의 긍정적 네트워크를 형성하는 데 기여하며, 이러한 네트워크는 곧 정부 업무의 효과성과 능률성을 향상시킨다. 궁극적으로는 좋은 정부 또는 정부의 질 향상과 같은 긍정적인 효과를 도출함으로써 사회자본은 오늘날과 같은 시민사회에서 매우 중요한 요소로 작용함을 알 수 있다. 그러나 사회자본과 정부의 질의 관계는 경제발전 수준에 따라 달라질 수 있다. 선행 연구들(예: Knack and Keefer, 1997; Woolcock, 1998; Fedderke et al., 1999; Torsvik, 2000; Beugelsdijk et al., 2004; Beugelsdijk and Smulders, 2004; Beugelsdijk and van Schaik, 2005; Doh and McNeely, 2012)에 따르면, 한 국가의 사회자본 수준은 그 국가의 경제발전 수준에 긍정적인 영향을 미친다. 개별 국가의 서로 다른 역사적 경험과 제도의 차이로 인해 각국은 서로 다른 수준의 사회자본을 형성하게 되고, 이러한 사회자본 수준은 다시 그 국가의 경제발전 수준에 영향을 미치기 때문에 결과적으로 정부의 질적 수준도 사회자본과 경제발전의 조합에 의해 달라지게 된다. 여기에 시대에 따른 정부 역할 패러다임의 가변성이 더해지면서, 정부의 질적 변화 또는 질적 향상을 설명하는 것은 상당히 복잡한 과정이라 할 수 있다. 그럼에도 불구하고 이에 대한 이론적, 실증적 논의는 좋은 정부 또는 정부의 질적 향상을 위해서는 필요한 과정이다. 다시 말해, 정부의 질적 향상을 위해서 구체적으로 사회자본이라는 요인이 어떤 영향을 미칠 수 있는지를 설명할 수 있으며, 아울러 사회자본과 정부의 질의 관계가 만일 경제발전 수준에 따라 달라진다면 정부의 질적 수준의 차이를 설명하기 위해서는 구체적으로 사회자본과 경제발전의 관계를 고려할 때 보다 더 정확하게 설명할 수 있다.

이와 같은 학문적(이론적, 실제적) 필요성에도 불구하고 그동안 행정학, 정책학을 비롯한 사회과학에서 이루어진 논의들을 살펴보면 사회자본과 경제발전의 관계를 유형화한 연구는 없다. 뿐만 아니라 그와 같은 유형화를 정부의 질을 설명하는 데 적용한 연구도 없다. 대부분 사회자본과 정부의 질의 관계를 유형화하기보다는 사회자본에 관한 연구 또는 경제발전에 관한 연구, 정부의 질에 관한 연구처럼 개별적인 형태로 이루어졌다. 먼저 사회자본에 관한 연구로는 주로 (1) 사회자본의 개념이나 특성에 관한 연구를 통해 사회자본이 신뢰, 사회 네트워크, 시민 의식 등과 같은 하위 구성 요소를 지니는 개념이라고 주장하거나, (2) 시민사회 형성 과정에서 사회자본의 역할 및 기능을 분석하거나, (3) 사회자본이 창의적 기업가정신(entrepreneurship), 혁신, 경제성장에 미치는 긍정적인 영향을 분석하는 데 그쳤다.

다음으로 정부의 질에 관한 연구들도 대부분 세계은행(World Bank)에서 주도한 좋은 거버넌스(good governance)[1]에 관한 연구였는데, 이 연구들은 대부분 신자유주의 이데올로기에 편향되었다는 비판을 받고 있다. 또한 정부의 질에 대한 본격적인 논의를 촉발한 Rothstein and Teorell(2005, 2008)의 개념적 논의 역시 학문적 정교함을 갖추지 못하였고 정부의 질에 대한 표준화된 내용을 담고 있지 못해 그들의 개념적 논의를 일반화하기에는 무리이다. 임의영(2011)은 정부의 질과 관

1) 세계은행(World Bank)의 좋은 거버넌스 개념은 Kaufmann et al.(1999)와 Kaufman et al.(2010)에 의해서 표준화된다.

련된 기존의 개념적 논의를 질적 측면에서 상당히 의미 있는 정리를 하였다. 그러나 사회자본과 경제발전의 관계가 정부의 질을 설명하는 데 매우 중요한 요소임에도 불구하고 아직까지 이에 대해 경험적, 실증적으로 분석한 연구는 전무하다.

어떤 특성이 대상들 간에 발현되는 수준과 내용에 따라 유형을 분류하고 서로 비교하는 것은 해당 특성을 보다 체계적으로 명료하게 이해할 수 있게 하며, 이는 '사회자본과 경제발전의 관계'에서도 마찬가지이다. 그런데 전술하였듯이 행정의 관점에서 국가별 경제발전 수준을 그 국가의 사회자본과의 관계 규명을 통해 유형화하고, 실증 분석한 연구는 전무하다. 뿐만 아니라 정부의 질을 제고하기 위한 많은 행정적 노력에도 불구하고, 행정의 관점에서 정부의 질을 사회자본과 경제발전의 관계 유형을 적용해 실증 분석한 연구도 전무하다.

행정학에서는 특히 1990년대 이후 사회자본에 대한 논의가 어느 정도 이루어졌다. 그러나 사회자본과 경제발전의 관계 유형과 정부의 질 간의 관계에 관한 논의는 매우 드물며, 양자의 관계를 종합하여 각각의 관계를 규명하고 이러한 두 차원에서 국가별 사회자본과 정부의 질의 관계의 공통점과 차이점을 분석하는 연구는 아직 없었다. 개별 차원에 대한 연구가 어느 정도 축적된 다음에는 이들을 종합하고 체계화하는 연구가 필요한데, 본 연구에서 수행한 것이 바로 이에 해당한다. 아울러 2000년대 이후부터 정부의 질에 대한 논의도 촉발되어 정부의 질에 대한 개념적 논의, 정부의 질적 제고를 위한 방법 등에 대한 논의들이 본격적으로 이루어지고 있다. 그러나 정부의 질적 수준이 사회자본과 경제발전의 관계에 따라 달라질 수 있음에도 불구하고 이에 대한 이론적, 실증적 연구가 없다는 점에서 본 연구는 더욱 필요하다.

요약하면 본 연구에서는 먼저 사회자본에 대해 구체적으로 살펴본 뒤에 사회자본과 경제발전의 관계를 이론적, 실증적으로 논의한다. 다음에는 사회자본과 경제발전의 관계를 사회자본 수준과 경제발전 수준의 두 가지 차원으로 구분하고, 이러한 두 차원을 조합하여 사회자본과 경제발전의 관계의 유형화를 시도한다. 그리고 이를 통하여 사회자본과 경제발전의 관계를 좀 더 체계적으로 규명한다. 마무리로 이를 활용하여 국가별 정부의 질적 수준의 차이를 실증적으로 분석한다. 본 연구에서 이루어지는 이와 같은 작업을 통해 사회자본과 정부의 질의 관계의 다양한 측면에 대한 이해가 깊어질 것이며, 정부의 질에 대한 이론적, 실증적 연구 결과도 축적할 수 있을 것이다. 이는 선행 연구들에서 제대로 다루지 못했던 사회자본과 경제발전의 관계, 그리고 정부의 질에 대한 논의의 수준을 한층 높일 수 있을 것이다.

2. 연구의 특징

국가별 사회자본과 경제발전의 관계를 유형화하여 국가별 사회자본과 경제발전의 관계의 다양한 측면을 규명하고, 규명된 관계를 정부의 질을 논의하는 데 적용하려는 본 연구의 주제는 행정학·정책학 분야의 기존 연구에서는 찾아보기 힘든 주제라는 독창성이 있다. 그 밖에도 본 연구는 다양한 측면에서 이전까지 이루어진 연구와는 다른 특징이 있다. 본 연구의 특징을 약술하면 다음과 같다.

1) 행정 관점에서의 사회자본과 경제발전의 관계의 유형화

사회자본의 개념이나 특성이 창의적 기업가 정신, 혁신, 경제성장에 미치는 영향을 분석한 연구, 그리고 경제발전에 관한 연구 등은 다양하게 이루어졌다. 그러나 양자의 관계에 대하여 '행정'의 관점에서 체계적인 유형화를 시도하고, 실증 분석한 연구는 아직까지 거의 없다. 이러한 연구 주제의 새로움이 본 연구의 가장 두드러진 특징이다.

2) 사회자본지수 개발을 통한 국가별 사회자본 수준 측정

본 연구에서는 사회자본과 경제발전의 관계를 유형화하기에 앞서 먼저 각 국가별 사회자본 수준을 측정하였다. 기존의 연구들에서는 사회자본을 신뢰나 사회 네트워크, 또는 시민 의식 등과 같은 하위 구성 요소들을 체계적이고, 종합적으로 고려하여 사회자본을 측정하지 못했다는 한계가 있다. 그러나 본 연구에서 사용하고자 하는 사회자본의 개념은 신뢰, 사회 네트워크, 시민 의식 등과 같은 하위 개념으로 구성되어 있으며, 본 연구자는 이와 같은 각각의 하위 구성 요소를 종합적으로 고려하여 하나의 사회자본지수(social capital index)를 산출한다. 또한 그러한 지수 개발을 통해 각 국가별로 사회자본의 수준이 어느 정도인지를 측정한다. 지금까지 소수의 연구(예: Doh and Acs, 2010; Doh and Zolnik, 2011; Doh and McNeely, 2012)를 제외하면 아직까지 이와 같은 방식으로 국가수준에서의 사회자본 수준을 측정한 연구는 없다. 물론 Doh and Acs(2010), Doh and Zolnik(2011), Doh and McNeely(2012)의 연구들도 지수 산출 방식에서 사회자본의 하위 구성 요소들에 대한 정교한 가중치 부여 방법을 적용하지 못했다는 한계가 여전히 있다. 따라서 아직까지 수용할 만한 사회자본지수 및 지수 산출 방식이 없어 이에 대한 다양한 접근과 시도 또한 상당히 필요한 실정이다. 따라서 본 연구는 사회자본 수준 측정과 관련된 기존 연구의 이와 같은 문제점들에 대한 논의를 좀 더 풍부하게 하고, 그 문제점을 조금이나마 해결하고자 했다는 점에서 또 다른 특징이 있다고 할 수 있다.

3) 사회자본과 경제발전의 관계 규명

본 연구에서는 선행 연구에 기초해 사회자본이 신뢰, 사회 네트워크, 시민 의식 등과 같은 하위 개념으로 구성되었다고 가정하며, 이러한 하위 구성 요소를 지니는 사회자본과 경제발전이라는 두 차원의 조합으로 사회자본과 경제발전의 관계 유형화를 시도한다. 이러한 방식의 유형화는 본 연구자가 아는 한 이 연구에서 처음 시도된 것이다. 따라서 이 자체로 독창적일 뿐만 아니라, 이를 통하여 사회자본과 경제발전의 관계에 대한 체계적인 이해가 가능하다.

4) 퍼지셋(Fuzzy-set) 분석 기법의 적용

퍼지셋 분석 기법을 적용한 행정·정책 분야의 연구는 몇 편 존재한다(예: 이해춘 외, 2007; 최영준, 2009). 그러나 이 연구들은 모두 지표 개발을 위하여 퍼지셋 분석 기법을 적용하였다. 즉 정성적이며, 복수의 속성을 지닌 특성을 측정하는 지표를 만드는 데 적용하였으며, 본 연구처럼 유형화를 위하여 명시적으로 적용한 예는 찾기 어렵다. 퍼지셋 분석 기법에 의한 유형화 연구(Fuzzy-set ideal type analysis)는 복지 분야에서 몇몇 이루어진 바 있다(예: Hudson & Kuhner, 2009). 그러나 본 연구처럼 행정 관점에서 사회자본과 경제발전의 관계에 대한 유형화에 적용한 예는 없다.

퍼지셋 분석 기법에 의한 유형화는 많은 장점을 지닌 기법으로써, 행정·정책 분야의 다양한 연구에 적용할 수 있다. 구체적으로 설명하자면, 본 연구에서는 사회자본과 경제발전의 관계를 사회자본 수준과 경제발전 수준의 두 차원으로 구분하기 때문에 사회자본×경제발전에 의하여 그 관계 유형이 구분된다. 각 차원을 고·저의 2개로 구분한다면 이론적으로는 2×2=4개의 유형이 가능하지만, 퍼지셋 분석 기법에 의한 유형화에서는 하나의 차원을 반드시 두 가지로 구분할 필요는 없다. 각 차원의 특성에 따라서는 3개 혹은 4개로 구분하는 것도 가능하다. 그렇기 때문에 사회자본과 경제발전 각각의 차원을 몇 개로 유형화 하느냐에 따라 그 관계의 다양한 속성과 측면을 나타낼 수 있는 장점이 있다. 이와 같은 장점을 지닌 퍼지셋 분석 기법을 사회자본과 경제발전의 관계 유형화에 적용하려는 본 연구는 행정·정책 분야에서 첫 시도이며, 이 방법론을 적용한 많은 후속 연구를 산출할 수 있을 것으로 기대한다.

5) 사회자본과 경제발전의 관계 유형이 정부의 질에 미치는 영향 분석

사회자본의 수준과 경제발전 수준이라는 두 가지 차원의 조합을 활용하여 사회자본과 경제발전의 관계 유형화가 이루어지면, 본 연구에서는 정부의 질이 각 유형에 따라 어떻게 달라지는지를 규명하고자 한다. 오늘날 정부는 효과성, 능률성, 형평성, 불편부당성, 생산성 등 다양한 가치를 추구하고 있으며, 이는 궁극적으로 '좋은 정부(good government)' 혹은 '질 높은 정부'를 지향하고 있음을 알 수 있다. 그렇기 때문에 정부의 질적 수준이 어느 정도이며, 질적 수준에 영향을 줄 수 있는 요인이 무엇인지를 규명하는 것은 매우 중요한 과제 중의 하나이다. 본 연구에서는 정부의 질적 수준에 영향을 미치는 요인들 중의 하나로 '사회자본과 경제발전의 관계 유형'을 제시하고자 한다.

행정학은 근본적으로 그리고 궁극적으로 좋은 정부를 만들기 위한 학문적 노력이라 할 수 있지만, 좋은 정부가 무엇인지를 의식적으로 다루고자 하는 노력은 비교적 최근에서야 이루어졌다고 할 수 있다 (임의영, 2011). 뿐만 아니라 그 모호한 개념 때문에, 이에 대한 논의가 산만하며, 연구자에 따라 주장하는 바가 천차만별이다. 이와 같은 현실적인 문제로 인해 사회자본과 경제발전의 관계가 정부의 질을 설명하는 데 매우 중요한 요소임에도 불구하고 아직까지 이에 대해 경험적, 실증적으로 분석한 연구는 없다. 본 연구에서는 이러한 선행 연구의 한계를 고려하여 사회자본과 경제발전의 관계 유형을 정부의 질적 수준 차이를 설명하는 데 활용하고자 한다. 따라서 본 연구는 독창적일 뿐만 아니라, 이를 통하여 사회자본과 경제발전의 관계 유형이 정부의 질에 미치는 영향에 대한 체계적인 이해가 가능하다는 것에 의의가 있다.

제2절 연구 방법과 연구 범위

1. 연구 방법

1) 사회자본지수 개발

본 연구에서는 먼저 OECD 국가 및 유럽, 아시아, 아메리카, 아프리카 지역 등 다양한 국가를 대상으로 사회자본과 경제발전의 관계를 유형화하고, 유형별 국가들의 특성을 비교함으로써 사회자본과 경제발전의 관계에 대한 이해의 수준을 높이고자 한다. 이를 위해서 본 연구에서는 사회자본지수를 개발한다.

본 연구에서 사용되는 사회자본의 개념은 신뢰, 사회 네트워크, 시민 의식 등과 같은 하위 개념으로 구성되었다. 구체적으로 신뢰는 일반적인 신뢰와 제도적 신뢰로 구성되어 있으며, 사회 네트워크는 소극적 네트워크와 적극적 네트워크로 구성되어 있으며, 시민 의식은 일반적인 행동 규범과 부패 수준으로 각각 구성되었다. 따라서 이와 같은 각각의 하위 구성 요소를 종합적으로 고려하여 하나의 사회자본지수(social capital index)를 산출한다. 그리고 이러한 지수 개발을 통해 국가별로 사회자본의 수준이 어느 정도인지를 측정한다. 지수 개발 과정에서 가중치 기법(weighting method)을 활용할 계획인데 구체적으로 사회자본을 구성하는 개별 하위 구성 요소에 어떻게 그리고 얼마만큼의 가중치를 부여할 것인지에 대해서는 전문가 의견 조사를 통한 델파이 기법과 요인 분석 결과를 활용한다.

2) 사회자본과 경제발전의 관계 유형화

(1) 유형 구분의 기준이 되는 차원의 설정

본 연구에서는 사회자본과 경제발전의 관계를 사회자본 수준과 경제발전 수준이라는 두 가지 차원으로 구분하고자 한다. 따라서 사회자본 수준과 경제발전 수준은 유형 구분의 기준이 된다. 각 차원의 조작적 정의 혹은 측정은 다음과 같다.

① 사회자본 수준

본 연구에서 사용되는 사회자본의 수준은 신뢰, 사회 네트워크, 시민 의식 등과 같은 하위 개념들을 종합적으로 고려하여 산출된 사회자본지수를 활용한다. 본 연구에서 산출될 각 국가의 사회자본지수는 0에서 100 사이의 값을 지닌다. 유형 구분의 기준이 되는 하나의 차원으로써 사회자본 수준은 각국의 사회자본지수가 될 것이며, 값이 높을수록 사회자본 수준이 높음을 의미한다.

② 경제발전 수준

본 연구에서 사용되는 경제발전 수준은 개별 국가의 1인당 GDP 개념을 활용한다. 유형 구분의 기준이 되는 하나의 차원으로써 경제발전 수준은 각국의 1인당 GDP가 될 것이며, 값이 높을수록 경제발전 수준이 높음을 의미한다.

(2) 각 차원별 지표값 부여

퍼지셋 분석 기법에서 각 차원별 지표값은 0과 1 사이의 값을 갖는다. 0과 1 사이의 값을 부여하는 방식은 상대적인 방식과 절대적인 방식으로 구분할 수 있다. 먼저 상대적인 방식은 대상 사례 중에서 무조건 최대값은 1, 최소값은 0을 부여하고, 나머지 값들은 상대적인 크기에 따라 그 사이의 값을 부여하는 것이다. 예를 들면, 다음의 식(1)과 같은 방식으로 지표값을 부여한다.

$$\text{지표값} = \frac{X_i - \text{최소값}}{\text{최대값} - \text{최소값}} \qquad \text{식(1)}$$

X_i는 해당 사례값을 의미한다. 위의 식(1)에서 X_i가 최대값이면 지표값은 1이 되며, X_i가 최소값이면 지표값은 0이 된다. 그리고 X_i

가 최대값과 최소값의 중간에 해당하면 0.5의 값을 갖는다.

다음으로, 절대적인 방식은 연구자가 해당 지표마다 별도의 절대적인 기준을 설정하고 그에 따라 지표값을 부여하는 것이다. 가령 경제발전 수준에서 1인당 GDP 수준을 측정할 경우, 한 국가의 1인당 GDP 수준에 따라 '0=1000달러 이하, 0.2=1000~5000달러 미만, 0.4=5000~10000달러 미만, 0.6=10000~15000달러 미만, 0.8=15000~20000달러 미만, 1=20000달러 초과'와 같이 설정하는 것을 의미한다.

상대적인 방식의 문제점은 대상 사례들 간에 실질적으로 의미 있는 차이가 없더라도, 무조건 사례들 중에서 제일 큰 값은 1, 제일 작은 값은 0의 값으로 설정되는 것이다. 예를 들어, 대상국가가 10개국인데, 이들 국가의 1인당 GDP 수준이 모두 10000~15000달러 사이에 몰려 있어서, 10개국의 경제발전 수준은 모두 유사하다고 가정하자. 이 경우 개별 국가의 경제발전 수준 기준에 의해서는 10개국 모두가 동일한 유형에 포함되어야 할 것이다. 그러나 상대적인 방식에 의해서는 그중에서도 가장 큰 것에는 1, 가장 작은 것에는 0의 지표값이 부여되며, 다른 것들은 최대와 최소 사이의 상대적인 크기에 의하여 값이 부여된다. 따라서 개별 국가의 1인당 GDP 기준에 의해서도 이들 10개 국가는 서로 다른 유형으로 분류된다.[2)]

절대적인 방식을 따르면 이처럼 의미 없는 작은 차이에도 불구하고 서로 다른 유형으로 분류되는 것을 방지할 수 있다. 하지만 원래

2) 둘로 구분할 때는 통상적으로 0.5를 기준으로 구분하는데, 이때 문제가 되는 것은 정확하게 0.5값을 가지는 경우에는 어떻게 처리할 것인가이다. 만일 그와 같은 사례가 비교적 적을 경우에는 제외할 수도 있겠으나 많을 경우에는 기준점을 새롭게 설정하여 유형화할 필요성이 있다.

〈표 1-1〉 퍼지셋 점수(Fuzzy-set Scores)

xi=1	Fully in
0.5<xi< 1	Degrees of membership more 'in' than 'out'
xi=0.5	Crossover point
0<xi<0.5	Degrees of membership more 'out' than 'in'
xi=0	Fully out

출처: Ragin(2000: 156).

값을 0과 1사이의 지표값으로 전환하는 기준이 연구자의 판단에 달려 있기 때문에 유형 구분의 기준이 주관적이라는 비판에서 자유롭기 어렵다.

비록 절대적인 방식이 주관적이라는 약점을 갖지만, 상대적인 방식보다는 유형 구분의 취지에 좀 더 적합하다고 할 수 있기 때문에 퍼지셋에 의한 유형 분류에서는 대부분 절대적인 방식을 취한다. 본 연구에서도 절대적인 방식을 취할 예정이다. 구체적으로 어떤 기준에 의하여 지표값을 부여할지는 문헌 연구나 실제 자료값의 검토를 통하여 이루어진다. 본 연구에서 활용하고자 하는 퍼지셋 점수에 따른 유형 구분 방식은 대체로 〈표 1-1〉과 같이 나타낼 수 있다.

〈표 1-1〉에 제시된 퍼지셋 점수에 따른 유형 구분은 0.5를 기준으로 나뉘어짐을 알 수 있다. 그러나 최종적인 유형 구분 방식과 기준은 연구가 진행되는 과정에서 문헌 연구나 실제 자료값의 검토, 그리고 관련 전문가들의 자문 등을 통하여 이루어진다.

(3) 유형 분류의 실시

퍼지셋 분석 기법에 의한 유형화에서는 각 차원의 조합으로 유형이 분류된다. 본 연구에서는 사회자본과 경제발전의 관계를 사회자본 수준과 경제발전 수준의 두 차원으로 구분하므로 사회자본×경제발전에 의하여 유형이 구분된다. 각 차원을 고·저의 두 개로 구분한다면 이론적으로는 2×2=4개의 유형이 가능하다. 퍼지셋에 의한 유형화에서는 하나의 차원을 두 개로 구분하는 것이 일반적이기는 하지만 반드시 그럴 필요는 없다. 차원에 특성에 따라서는 세 개 혹은 네 개로 구분하는 것도 가능하다. 사회자본과 경제발전 각각의 차원을 몇 개로 유형화할 것인가와 관련하여 기본적으로는 각각 두 개씩 구분하는 것으로 하지만, 실제로 본 연구에서는 분석을 진행하면서 유형의 개수는 다양하게 설정하여 분석에 활용하여 최적의 결과를 제시할 것이다.

한 가지 유의할 것은 2×2=4개의 유형이 발생한다는 것은 개념적인 구분일 뿐이라는 점이다. 실제의 분석에서는 특정 유형에 해당하는 사례가 존재하지 않을 수 있다. 가령 각 차원을 고·저의 2개로 구분할 경우 '저×저'라던가 '고×고'와 같은 유형에 속하는 사례는 없을 수도 있다. 이처럼 개념적으로는 가능하지만 실제로는 존재하지 않는 유형을 발견하는 것도 연구 내용의 중요한 부분이 된다.

3) 유형별 국가 특성 분석

OECD 국가 및 유럽, 아시아, 아메리카, 아프리카 지역의 국가 등 다양한 국가들을 대상으로 사회자본과 경제발전의 관계의 유형화가 이루어지면 본 연구 목적의 절반이 달성된 셈이 된다. 본 연구 목적의 나머지 절반은 유형 분류된 결과에 대한 분석과 그러한 유형이 정부의 질에 미치는 영향 분석을 통해 이루어진다. 먼저 유형 분류된 결과에 대한 분석을 통하여 파악하고자 하는 사항은 다음과 같다.

(1) 발견된 유형의 특성에 따른 명명

사례들의 유형 분류가 이루어진 후에는, 각 유형에 속한 국가들의 특성을 분석하고 그에 의거하여 각 유형의 명칭을 부여하는 작업이 이루어진다. 2×2=4개의 유형 중에서 실제로 사례들이 포함된 유형은 세 개라면, 이는 사회자본과 경제발전의 두 기준에 의하여 실제로는 세 개의 유형이 구분된다는 의미이며, 이렇게 구분된 세 개 유형의 특징을 잘 나타내는 명칭 부여가 필요하다. 이러한 명칭 부여 작업은 퍼지셋에 의한 유형화의 마지막 단계에 해당하는 것인데, 연구자의 통찰이 가장 필요한 부분이다. 이 작업을 통하여 퍼지셋에 의한 유형화 작업의 본래 목적, 즉 '유형화를 통한 사회자본과 경제발전의 관계에 대한 이해 수준 제고'를 달성할 수 있기 때문이다. 이 작업을 위해서는 분석 자료의 면밀한 검토뿐만 아니라, 사회자본과 경제발전의 관계에 대한 기존의 연구, 그리고 분석 대상 국가의 그 밖의 다양한 특성 등에 대한 검토가 필요하다.

(2) 사회자본과 경제발전의 관계 분석

사회자본과 경제발전의 조합에 의한 유형 분류 이후 어떤 유형에 어떤 국가들이 속하는가를 분석한 뒤에는 역으로 유형 분류의 기준이 되는 사회자본과 경제발전의 관계에 대한 분석이 이루어질 수 있다. 사회자본과 경제발전 사이에 어떤 관계가 있으며, 설정된 관계가 이후의 변화에 어떤 영향을 미치는가는 그 자체로 중요한 연구 주제가 된다. 물론 이러한 분석을 위해서는 유형 분류 결과 이외에 개별 국가의 특성에 대한 추가적인 연구도 필요하다.

(3) 이상형 국가의 특성 분석

퍼지셋 분석 기법에 의한 유형 분류의 장점 중 하나는 유형화 이후, 각 유형의 이상형(ideal type)에 해당하는 국가를 가려내는 것이 가능하다는 점이다. 동일한 유형에 속하는 국가들이라고 해도 각 차원의 점수는 다르기 마련이다. 이 점수에 의하여 각 유형의 기준을 충실하게 충족하는 국가와 그렇지 않은 국가들을 구별할 수 있다. 즉 동일 유형에 속한 국가들 사이의 기준 충족도를 평가할 수 있다. 이러한 각 유형별 이상형 국가의 특성을 분석함으로써 국가 체제, 제도, 경제발전 간의 관계를 보다 잘 이해할 수 있을 것이다. 그런데 이러한 분석을 위해서는 이상형 국가의 체제와 제도, 경제발전에 대한 충분한 이해가 필요하다.

4) 사회자본과 경제발전의 관계 유형과 정부의 질 간의 관계에 관한 실증분석

본 연구에서는 사회자본과 경제발전의 관계 유형화 및 각 유형별 분석이 이루어지고 나면, 그러한 유형에 따른 정부의 질적 수준의 차이를 실증적으로 분석하고자 한다. 이를 위해서는 선행 연구에 제시된 이론적 논의를 통해 다양한 연구모형을 개발하고, 분석에 필요한 다양한 변수들을 추출한다. 사회자본과 경제발전의 관계는 퍼지셋 분석 기법을 활용한 유형화 과정을 통해 도출할 것이며, 각국의 정부의 질적 수준은 불편부당성(impartiality), 전문성(professionalism), 정치적 참여(political participation), 정부 승인(government approval), 법의 지배(rule of law), 효과성(effectiveness) 등과 같이 선행 연구에서 활용되었던 다양한 매개변수를 활용할 계획이다. 구체적으로 본 연구에서 활용될 연구모형의 예를 살펴보면 식(2)와 같다.

$$QG = \alpha + \sum_{i=1}^{n} \beta_i Type_i + \sum_{j=1}^{n} \beta_j P_j + \sum_{k=1}^{n} \beta_k E_k + \sum_{l=1}^{n} \beta_l S_l + \varepsilon \quad \text{식(2)}$$

식(2)와 같은 연구모형은 사회자본과 경제발전의 관계 유형과 정부의 질 간의 관계를 회귀분석모형(regression analysis model) 형태로 나타낸 것이며, 본 연구는 여기에 정부의 질적 수준에 영향을 미칠 수 있는 정치적, 경제적, 사회적 요인 등을 고려하여 분석모형에 추가하였다. 구체적으로 모형에서 언급된 QG는 각국의 정부의 질적 수준을 의미하며, α는 상수항, β는 계수값, Type은 사회자본과 경제발전의 관계 유형들을 나타내는 벡터(vector), P는 정치적 요인들을 나타내는 벡터, E는 경제적 요인들을 나타내는 벡터, S는 사회적 요인들을 나타내는 벡터, ε는 오차항을 각각 의미한다. 사회자본과 경제발전의 관계 유형들이 정부의 질적 수준 차이에 미치는 영향은 결국 β_i의 값과 통계적 유의미성을 통해 알 수 있다.

2. 연구 범위

본 연구의 범위는 시간적 범위와 공간적 범위로 구분할 수 있는데, 본 연구에서의 분석은 국가 수준에서 이루어지는 것이기 때문에 분석 자료에 대한 접근성 정도에 따라 그 범위가 달라질 수 있다. 접근 가능한 최근의 자료를 검토해 본 결과, 본 연구에서는 2005년~2010년의 데이터를 활용할 수 있어 시간적 범위는 2005년부터 2010년으로 설정하고자 한다. 시간적 범위에 대한 보다 구체적인 내용은 '분석 자료' 부문에서 언급하고자 한다.

다음으로 공간적 범위와 관련하여, 국가별 사회자본과 경제발전의 관계를 유형화하여 국가별 사회자본과 경제발전의 관계의 다양한 측면을 규명하고, 규명된 관계를 정부의 질적 수준과의 관계를 논의하는 데 적용하기 때문에 아시아, 아메리카, 유럽, 아프리카 등과 같은 지역의 국가들을 분석 대상으로 하였다. 또한 경제수준에 따른 사회자본과 경제발전의 관계 규명 및 정부의 질에 대한 분석도 이루어지기 때문에 OECD 회원국과 비회원국 간의 비교 연구도 이루어진다.

제 2 장 사회자본

제1절 사회자본의 개념
제2절 사회자본의 핵심 구성 요소
제3절 사회자본의 측정

제2장 사회자본

제1절 사회자본의 개념

1. 사회자본 개념의 도입과 정의

사회자본이라는 용어는 1916년에 Judson Hanifan이 민주주의와 개발을 지속하기 위한 지역사회의 적극적 개입의 필요성을 강조하기 위해 처음 사용하기 시작하였다(DeGraaf, 2003).[1] 그러나 1980년대 이후 Bourdieu(1986), Coleman(1988, 1990), Putnam(1995a), Portes(1998), Fukuyama(1999), Lin(2001) 등이 사회자본 개념을 대중화하기 전까지는 그 개념적 정의가 모호한 상태로 남아 있었다(최영출, 2004). 그 이유는 본질적으로 사회자본이라는 용어가 다차원적인 속성(multidimensional characteristics)을 지닌 개념이기 때문에 이를 단적으로 개념화하기란 상당히 어려운 작업이었기 때문이다(Woolcock and Narayan, 2000; 소진광, 2004; Beugelsdijk and van Schaik, 2005; Van der Gaag and Snijders,

1) 1835년에 프랑스 정치학자인 Tocqueville이 사회자본이라는 용어를 처음으로 사용하였다고 주장하는 연구도 있다(서순탁, 2002).

〈표 2-1〉 사회자본의 개념 정의

접근법	연구자	사회자본의 개념 정의
외부적 접근법 (external)	Baker(1990)	행위자들이 특정한 사회구조에서 추출하여 그들의 이익을 실현하는 데 활용할 수 있는 자원
	Belliveau et al. (1996)	한 개인의 개인적 연결망 그리고 엘리트와의 제도적 연계
	Bourdieu(1986), Bourdieu and Wacquant(1992)	상호 간의 면식과 인식에 의해 형성된 다소간 제도화된 관계의 지속적인 네트워크를 소유하고자 하는 개인이나 집단에 누적된 실질적 · 잠재적 자원. 특정한 상황에서 경제적 자본으로 변환될 수 있는 사회적 책무(연계)로 구성됨
	Boxman et al. (1991)	자신을 지지할 것으로 기대하는 사람의 수 그리고 그들이 활용할 수 있는 자원
	Burt(1992, 1997a, 1997b)	재정적 자본과 인적자본을 활용할 기회를 제공하는 친구, 동료, 그리고 보다 더 광범위한 지인들; 연결망에서 개인적 연계의 기회들
	Knoke(1999)	사회적 행위자가 다른 행위자의 자원에 접근하기 위해 조직 내외에서 네트워크를 창조하고 동원하는 과정
	Portes(1998)	사회 네트워크나 기타 사회구조에 편입하여 편익을 확보하는 행위자의 능력
내부적 접근법 (internal)	Brehm and Rahn (1997)	집합 행동의 문제(collective action problems)를 해결하기 위한 시민들 간의 협력적 네트워크
	Coleman(1990)	사회자본은 기능에 따라 달리 정의할 수 있음. 단일한 개체가 아니며 매우 다양한 개체임. 그것은 사회구조의 몇 가지 측면으로 구성되고 그 구조에 속한 개인으로 하여금 특정한 행위를 하도록 유도함. 다른 형태의 자본과 같이 사회자본은 생산적이며, 그것이 없다면 달성할 수 없는 목적을 달성하도록 함
	Fukuyama (1995, 1997)	집단이나 조직 내에서 공동의 목적을 달성하기 위하여 함께 일하는 사람들의 능력. 협력을 추구하는 집단의 구성원들이 공유하는 비공식적인 가치나 규범의 집합
	Inglehart(1997)	자발적 결사(협력)의 네트워크를 발생시키는 신뢰와 인내의 문화
	Portes and Sensenbrenner (1993)	경제적 목표와 집단 구성원들의 그러한 목표 추구 행동에 영향을 미치는 집단 내에서의 행동에 대한 기대
	Putnam(1995a)	상호 이익을 위하여 조정하고 협력하도록 하는 네트워크, 규범, 사회적 신뢰와 같은 사회적 조직의 특성
	Thomas(1996)	집합적 발전을 증진시키는 시민사회에서 개발되는 자발적 수단과 과정
중립적 접근법 (neutral)	Granovetter(1973)	사회 전체의 거시적인 성과를 증진하는 집단적 공유 자원
	Loury(1992)	시장에서 가치 있는 기술과 자질의 획득을 돕는 자연발생적 사회 관계
	Nahapiet and Ghoshal(1998)	개인과 사회적 단위에 속한 관계의 네트워크에서 나오는 실질적 · 잠재적 자원의 총합
	Pennar(1997)	개인의 행태와 경제적 성장에도 영향을 주는 사회적 관계의 망
	Schiff(1992)	개인 간의 관계뿐만 아니라 사회적 생산 및 효용함수에 대한 투입 요소에 영향을 주는 사회적 구조의 요인들
	Woolcock(1998)	한 개인의 사회 네트워크에 내재된 정보, 신뢰, 그리고 호혜성의 규범
	Lin(2001)	네트워크 속에 있는 자원에 접근함으로써 얻을 수 있는 자산

출처: Adler and Kwon(2002), 한상일(2004), 김병록(2009), 염종호 · 김정수(2010)의 연구들을 보충하여 재구성함.

2005; 김태룡, 2006; 한세희 외, 2010; 도수관, 2012). 뿐만 아니라 연구자들의 서로 다른 연구 목적에 기초한 각기 다른 사회자본의 개념화나 조작화는 사회자본의 개념 정의를 더욱더 어렵게 만들었다. 그만큼 사회자본의 개념은 그 측정과 매우 밀접한 관련을 맺고 있다(소진광, 2004). 그럼에도 불구하고, 최근의 몇몇 연구들은 사회자본의 개념을 이해하는 데 상당히 유용한 정보를 제공하는데, 이를 정리해 보면 구체적으로 〈표 2-1〉과 같다.

〈표 2-1〉에 제시된 내용에 따르면, 사회자본의 개념은 사회 구성원이 다른 사회 구성원과 맺고 있는 관계(bridging view)에 초점을 두느냐, 아니면 하나의 집단 속의 구성원 간의 관계 구조(bonding view)에 초점을 두느냐 또는 양자의 조합에 초점을 두느냐에 따라 달라짐을 알 수 있다. 먼저 외부적 접근법(external perspective)은 개인이나 집단의 행동이 다른 개인이나 집단들과의 직간접적인 네트워킹을 어떻게 맺고 있는가에 따라 달라진다고 주장하는 것이다. 다음으로, 내부적 접근법(internal perspective)은 사회자본이 집합체 내에 존재하는 행위 주체들 간의 연결 구조 뿐만 아니라 집단의 단합된 응집력을 통한 집단 목표 달성을 촉진하는 다양한 특징들에 기인한 결과라고 주장한다. 마지막으로 중립적 접근법(both types)은 사회자본을 바라보는 내·외부적 접근법의 궁극적인 차이는 이들 양자의 관점이 상호 배타적인 것이 아니라 서로 바라보는 관점이나 분석 수준이 다르기 때문에 발생하는 것이라고 주장한다.

결국 사회자본의 개념과 관련된 선행 연구를 종합해 보면, 궁극적으로 사회자본의 개념에는 신뢰, 사회 네트워크, 규범이라는 세 가지 핵심 구성 요소가 포함되어 있음을 알 수 있다. 이에 대해서는 사회자본의 핵심 구성 요소에 관한 논의 부분에서 좀 더 구체적으로 다루고자 한다.

2. 사회자본 개념 적용 시 유의점

1) 광의의 개념으로서 사회자본

사회자본과 관련된 기존의 많은 연구들은 사회자본을 시민사회의 특징으로만 간주하고 협의의 개념으로 제한하여 활용하였으나 본질적으로 사회자본은 다차원적인 속성을 지닌 광의의 개념으로 볼 수 있다. 즉 사회자본은 모든 영역의 사회나 모든 형태의 조직에서 나타날 수 있는 하나의 현상이며, 그렇기 때문에 시민사회 영역뿐만 아니라 공공 및 민간 영역 모두에 적용될 수 있는 개념이라고 볼 수 있다(Westlund, 2006: 4). 비록 대다수의 사회자본 관련 연구들이 지금까지 주로 시민사회에 초점을 두고 연구를 진행해 왔지만 사회자본은 시민사회뿐만 아니라 다양한 형태의 민간 기업 및 공공 영역 조직에 존재할 수 있다. 그렇기 때문에 비즈니스 분야와 관련된 많은 연구들(예: Burt, 1992; Nahapiet and Ghoshal, 1998; Uzzi, 1999; Adler and Kwon, 2002; Cooke and Clifton, 2004)은 실제로 사회자본 개념을 그들의 경험적, 실증적 분석에 다양하게 활용해 왔다. 특히, Burt(1992)는 기업이 지니고 있는 사회자본적 속성이 기업의 생존에 결정적인 영향을 미치며, 인적자본과 금융자본에 대한 투자이익률(또는 수익률)을 결정한다고 주장하였다(Westlund, 2006).

공공 영역의 경우를 살펴보면, 정부는 정치적 목표를 달성하기 위한 국가 운영 과정에서 정당성을 필요로 한다. 이때 정부는 그들의 임무를 수행하는 데 필요한 시민들과 다양한 조직 간의 사회적 네트워크뿐만 아니라 경제적, 기술적 네트워크를 구축하게 된다. 이것이 의미하는 바는 사회자본이 민간기업의 경우처럼 공공 영역에서도 존재한다는 것이다. 그러나 민간 기업이나 공공기관에 적용되는 사회자본 개념은 매몰 비용(sunk costs)의 특성을 지니고 있기 때문에 보다 일반적인 의미의 사회자본 개념과는 구별할 필요성이 있다. 즉 민간 기업이나 공공 기관이 조직 운영 과정에서 축적한 사회자본은 다른 용도로 사용될 수 없을 뿐만 아니라 조직이 그 활동을 변화시켜 대상이 바뀌게 되면 무용지물이 될 수 있기 때문이다(Westlund, 2006).

이상의 논의를 고려해 볼 때, 사회자본은 시민사회뿐만 아니라 좀 더 광범위한 영역에 적용될 수 있는 개념임을 알 수 있다. 그러나 공유된 가치나 신념의 의미에서 문화나 제도는 사회자본보다 더 광범위한 개념이며, 문화와 제도는 사회자본과 상호 연결된 개념이라고 볼 수 있다. 그래서 Grootaert et al.(2004)는 '문화, 제도, 사회자본의 다차원적인 측면들은 어떻게 공익 증진에 필요한 다양한 결과들을 산출하는가?'와 같이 중요한 경험적, 정책적 연구 질문들을 제시하기도 했다. 이는 결국 사회자본 개념은 기존의 개념보다는 좀 더 광범위하게 활용될 수 있으며, 시민사회, 공공 영역, 민간 영역 모두에서 긍정적인 결과를 가져올 수 있기 때문에 정부가 정책적인 측면에서도 고려할 필요성이 있음을 시사한다.

2) 경제적 개념으로서 사회자본

자본이 전통적으로 하나의 경제적 개념이었음에도 불구하고, 1990년대 중반까지 많은 경제학자들은 사회자본에 대한 주류 경제학자들의 생각이 회의적이었다는 이유로 사회자본을 하나의 경제적 자본으로 간주하지 않았다(Westlund, 2006). 특히 Arrow(2000)는 사회자본이 자본으로써의 근본적인 요소인 "미래의 편익을 위한 현재의 신중한 희

〈표 2-2〉 사회자본과 다른 형태의 자본들 간의 유사점과 차이점

구분	유사점	차이점
생산성	사회자본은 매몰 비용이 될 수 있음 사회자본은 사회적 관점에서 선의 또는 악의적으로 활용될 수 있음	사회자본은 사회적 관점에서 선의 또는 악의 등과 같은 행위자의 이해관계를 반영하지만 사회적 이해관계 또는 이익의 관점에서 가치중립적이지는 않음
빈티지 (Vintages)	사회자본은 빈티지로 구성되어 있음	• 사회자본의 빈티지는 다른 형태의 자본보다는 포트와인(port wine)에 비교할 수 있음 • 빈티지의 구성 요소는 매우 결정적임 • 연령과 생산성 감소에 단순한 상관관계는 존재하지 않음
축적과 유지	사회자본이 유지되지 않는다면 서서히 사라지게 됨	사회자본은 의도적인 투자와 다른 형태의 활동의 비의도적 부산물의 결과물임
	사회자본은 과거 활동의 결과임	사회자본의 축적을 위해서 반드시 미래의 편익을 위한 신중한 희생(또는 투자)을 필요로 하는 것은 아님 사회자본은 외부의 개입을 통해 형성되거나 구성되기는 어려움
소유권 vs 공공재	• 사회자본에 대한 접근이 완전히 공공재처럼 이루어지지는 않음 • 사회자본에 대한 접근은 네트워크에의 접근이나 어떤 특정한 기술을 필요로 함	사회자본은 사회적이며, 개인적으로 소유될 수 있는 것은 아님
복잡성과 응집 수준	다원화(다분화)된 사회자본은 경제적 구조 변화에 덜 취약함	사회자본은 가장 다원화(다분화)된 것이며, 가장 이질적인 형태의 자본임 다양한 수준으로 구성된 사회자본을 총합하는 것은 방법론적으로 매우 어려운 작업임

출처: Westlund(2006, p. 38).

생(또는 투자)"과 같이 자본으로써의 근본적인 요소를 결여했기 때문에 사회자본을 하나의 경제적 개념으로 간주하지 않았다(Westlund, 2006: 3).

그럼에도 불구하고 1990년대 중반부터 많은 학자들(예: Becker, 1996; Knack and Keefer, 1997; Knack, 1999; Cooke and Wills, 1999; Stiglitz,

2000; Dasgupta, 2000; Glaeser et al., 2000; Aoki, 2001; Durlauf and Fafchamps, 2004; Dakhli and de Clercq, 2004; Beugelsdijk and van Schaik, 2005)은 사회자본을 하나의 경제적 자본으로 간주하기 시작했다. 그중에서 특히 Becker(1996)는 사회자본을 개인의 효용함수와 결부시켰으며, 효용함수는 소비된 다양한 재화뿐만 아니라 행위자의 개인적·사회적 자본의 축적된 양에 의해 결정된다고 주장했다. 만일 우리가 사회자본의 한계 효용을 체감한다고 가정하면, 경제적 의미에서 사회자본의 효용은 사회자본을 활용하고 유지하는 데 소요되는 비용과 그로 인한 편익이 일치하는 수준에서 결정된다(Westlund, 2006). 그래서 사회자본은 다른 경제적 활동(즉, 경제적 자원)처럼 동일한 제약 조건에 의해 유지되고 활용된다고 볼 수 있다. 뿐만 아니라 Stiglitz(2000)도 사회자본은 시장기능에 기초한 교환과 배분이 이루어지는 하나의 상보적 또는 대체재적 기능을 수행한다고 주장하였다(Stiglitz, 2000: 64). 〈표 2-2〉는 이와 같은 사회자본의 측면들을 고려하여 사회자본과 다른 형태의 자본들 간의 유사점과 차이점에 관한 주요 논점들을 구체적으로 정리한 것이다.

〈표 2-2〉에 따르면, 사회자본은 다른 형태의 자본들과 생산성, 빈티지, 축적과 유지, 소유권·공공재, 복잡성과 응집 수준 등과 같이 다양한 측면에서 서로 유사점과 차이점이 있음을 알 수 있다. 이상의 논의를 고려해 볼 때, 사회자본의 개념은 1990년대 중반부터 일반적으로 하나의 경제적 개념으로 간주되어 왔으며, 현재 이루어지는 많은 연구에서도 하나의 자본 개념으로 투자될 수 있는 경제재로써 분석에 활용되고 있음을 알 수 있다.

3) 사회자본의 부정적 효과

최근까지 이루어진 사회자본에 관한 논의는 대부분 사회자본의 긍정적 효과와 역할에 관한 것들이다. 그렇지만 사회자본은 잠재적으로 부정적인 효과를 초래하기도 하며, 이는 몇몇 선행 연구들(예: Portes and Landolt, 1996; Woolcock, 1998; Portes, 1998; Grootaert et al., 2004)에서도 지적한 바가 있다. 즉, 사회자본은 앞에서 논의한 바와 같이 일반적으로 사회 구성원이 자신들의 목표 달성을 위해 활용 가능한 신뢰, 집단적 활동, 네트워크, 시민의식(규범) 등과 같은 측면에서 정의되지만 동시에 사회자본의 다양한 측면들은 개인의 이익(또는 효용) 극대화를 위해 사회 전체적인 측면에서 볼 때 비생산적인 용도로 활용될 수도 있다는 점을 직시해야 한다(Woolcock, 1998; Portes, 1998; Grootaert et al., 2004). 예를 들어, Grootaert et al.(2004)는 조직의 멤버십이나 소속감을 너무 강조하거나 조직이 제공하는 서비스 혜택을 누리려는 다른 구성원의 접근을 배제하는 강력한 배타성을 지니고 있는 조직 규범을 구성원이 공유하고 있다면(예: 여성들의 교육 기회 박탈), 사회자본은 다른 형태의 통제 또는 조정 시스템이나 책임성이 배제된 상태에서 "조직 내부자들만의 거래나 정치적 편향을 초래하는 메커니즘(nepotistic or a mechanism for insider-trading and political favoritism)"으로 작용할 가능성이 있다는 점을 지적하였다(Grootaert et al., 2004: 4).

Portes and Landolt(1996)의 연구에서도 사회자본에 관한 기존의 연구들은 사회자본이 초래할 수 있는 부정적 효과에 대한 고려 없이 단지 사회자본의 긍정적인 측면만을 부각하였다고 지적하였다. 즉 그들은 다양한 네트워크의 배타적 속성, 개인의 자유를 제한하는 규칙 또는 관습에 순응하도록 요구하는 공통 규범, 게토(ghetto) 지역에서 강

〈표 2-3〉 사회자본의 잠재적 비용과 편익

영역	주제		연구자들
일반적 영역 (General Area)	교육 / 청소년		Coleman(1987, 1988), Fukuyama(1995), Champbell(2000, 2002), Hallinan(2007)
	민주주의와 거버넌스		de Tocqueville(1945), Fukuyama(1995), Putnam(1993a, 1993b, 1995, 2000, 2002), Campbell(2002)
	경제발전		Burt(1992, 1997), Greif(1993, 1994), Becker(1996), Knack and Keefer(1997), Helliwell and Putnam(1995, 2000), Helliwell(1996), Narayan(1999), Stiglitz(1999), Narayan and Pritchet(2000), Woolcock and Narayan(2000)
	집단 행동		Granovetter(1973, 1985), Lin(2001), Ostrom and Ahn(2003), Ostrom(1990, 1992, 1998)
	인류학 / 사회생활		Bourdieu(1985), Ostrom(1990, 1992, 1998), Coleman(1987, 1988), Lowry(1992), Portes and Sensenbrenner(1993), Portes(1994, 1995, 1996, 1998), Burt(2005)
	부정적 효과 / 배제(배타성) / 피해(유해성)		Portes and Landolt(1996), Putnam(2000), Fine(2001)
관리 영역 (Management Area)	조직 내 개인의 편익	구직 활동	Bourdieu(1985), Bourdieu and Wacquant(1992), Granovetter(1973, 1985), Burt(1992, 2005), Lin(2001)
		경영	Bourdieu(1985), Burt(1997)
		전반적인 직장 생활에서의 성공	Burt(1992), Gabbay and Zuckerman(1998), Podolny and Baron(1997)
	조직 간 편익	경쟁 우위	Nahapiet and Ghoshal(1998)
		지적 자본 형성	Nahapiet and Ghoshal(1998)
		보다 향상된 자원 교환	Tsai(2000)
		제품의 혁신	Gabbay and Zuckerman(1998)
		지식 공유 / 복합기능팀의 효과성	Tsai and Ghoshal(1998), Tsai(2002)
		희소한 재화의 분배	Kilduff and Tsai(2003)
		기업의 유능한 인재풀 형성	Fernandez et al.(2000)
		이직률 감소	Krackhardt and Hanson(1993)
	조직 내적인 편익	조직 해체의 감소	Pennings et al.(1998)
		기업가정신 / 창업	Chong and Gibbons(1997)
		공급자 관계(하도급 거래) 강화	Asanuma(1985), Dore(1983), Baker(1990), Smitka(1991), Gerlach(1992), Uzzi(1997)
		기업 간 학습 강화	Kraatz(1998)

출처: Bartkus and Davis(2009, pp. 340-341).

력한 사회 네트워크를 형성하고 있는 도심의 범죄 조직[2] 등과 같이 사회자본이 초래할 수 있는 몇몇 부정적 효과의 예들을 제시하면서 향후 사회자본에 관한 연구들은 이와 같은 부정적 효과에 대해서도 심층적인 논의를 해야 할 필요성이 있음을 지적하였다. Portes(1998)는 "외부인의 배제, 집단 구성원에 대한 지나친 소속감이나 친밀감 요구, 개인의 자유 제한, 하향평준화된 규범" 등을 사회자본의 부정적 효과로 제시하였다(Portes, 1998: 13).

마지막으로 Paxton(1999)와 Woolcock and Narayan(2000)의 연구들도 높은 수준의 사회자본은 개인의 성장과 사회 발전을 저해할 수 있음을 지적하면서 지식정보화사회에서 사회자본의 역할에 대한 폭넓은 연구를 위해서는 이와 같은 사회자본의 부정적 측면들에 대한 논의가 좀 더 충분히 이루어질 필요성이 있음을 시사하였다. 아울러 〈표 2-3〉은 사회자본의 긍정적, 부정적 효과에 대한 이해를 돕기 위해 선행 연구들이 제시한 내용들에 기초하여 그동안 논의되었던 사회자본의 잠재적 비용과 편익에 대해서 기술한 것이다.

3. 사회자본에 관한 선행 연구

1) 사회자본에 관한 선행 연구 요약

선행 연구를 종합해 보면, 일반적으로 사회자본은 신뢰, 사회 네트워크, 시민 의식(규범) 측면에서 정의해 왔다. 그리고 사람들은 이러한 사회자본을 생산성과 효율성 향상과 같은 긍정적인 목적 달성을 위해

---

2) Halpern(2005)도 사회자본의 부정적 효과의 예로써 범죄 조직의 행태를 제시하였다.

주로 활용한다. 다차원적인 속성을 지닌 사회자본은 지식정보화사회가 도래한 이래로 물리적 자본(physical capital), 인적자본(human capital), 지식자본(knowledge capital), 기업가정신자본(entrepreneurial capital) 등과 같은 기존의 자본 개념들과 더불어 생산을 위한 하나의 중요한 경제적 자본으로 자리매김하기 시작하였다. 사회자본에 관한 많은 선행 연구는 사회자본이 지식정보화사회에서 경제 주체들이 유용한 지식과 정보를 용이하게 획득할 수 있도록 도와주는 중요한 역할을 담당한다고 주장해 왔다. 사회자본론자들은 특히 연구, 교육, R&D 결과의 상업화 과정에서 지식의 창출과 교환을 촉진하는 과정에서 사회자본의 역할을 강조하였다.

사회자본론자들이 주장하는 사회자본의 역할을 본 연구에서 영역별로 구분하여 정리해 보면 크게 창의적 기업가정신(entrepreneurship), 혁신(innovation), 경제발전(economic development), 정부의 질(quality of government) 등으로 나타낼 수 있다. 먼저 기업가정신은 새로운 것을 창조하여 발전시키고 그것을 생산적인 목적을 위해 활용하여 이윤을 얻을 수 있는 활동과 과정으로 정의할 수 있다. 기업가정신 관점에서 볼 때 사회자본은 창의적 기업가들에게 매우 중요한 기회의 발견과 활용, 정보의 획득 등을 촉진할 수 있는 유용한 네트워크를 제공할 수 있다(Davidsson and Honig, 2003). 창의적 기업가들은 사회 네트워크 원리가 새로운 기업을 창업하거나 기존 기업의 확장에 필요한 실제적이고 적용 가능한 해결책을 제공해 줄 수 있음을 인식하고 있다. 이와 같은 측면에서 볼 때 사회자본은 창의적 기업가의 탄생과 그들의 발전에 매우 중요한 영향을 미친다고 볼 수 있다.

아울러 사회자본론자들은 지식정보화사회에서 사회자본이 혁신을 유도하고 촉진하는 데 특히 중요한 요소라고 주장해 왔다. 왜냐하면 지식정보화사회에서 지식은 행위자들 간의 협력적 네트워크와 그들이 형성하고 있는 커뮤니티 속에 내재하고 있기 때문에 혁신은 더 이상 고립된 개인들에 의해 이루어질 수 있는 것이 아니며 하나의 사회적 상호작용 과정으로 이해되었기 때문이다. 따라서 사회자본은 기존의 인적자본, 기업가정신자본, R&D 투자 등과 더불어 지식정보화사회에서 혁신과 이를 통한 경제성장을 이루는 데 중요한 결정 요소로 간주되고 있다. 이러한 관점에서 볼 때 높은 수준의 사회자본은 사회가 효과적으로 기능하는 데 필요할 뿐만 아니라 혁신과 경제발전에도 매우 긍정적인 영향을 미치고 있음을 알 수 있다.

마지막으로 사회자본론자들은 정부의 질적 향상을 도모하는 과정에서도 사회자본이 긍정적인 기여를 할 수 있다고 주장한다. 사회자본은 하나의 네트워크 개념으로도 볼 수 있으며, 이러한 측면에서 사회자본은 조직화되고 효율적인 집단의 의사소통 채널을 통해 조직의 이익을 결집하고 그것을 통해 정부 운영이 국민의 요구에 부응하여 효과적이고, 생산적인 방향으로 이루어질 수 있도록 영향력을 행사할 수 있다. 특히, 집단 구성원은 서로 신뢰에 기초하여 네트워크를 형성하고, 사회적 공동선(common good)을 추구하는 과정에서 이들이 형성하고 있는 네트워크를 적극적으로 활용하여 정부 운영에 영향력을 행사한다면 정부의 질적 향상은 이루어질 수 있을 것이다. 그러나 아직까지 사회자본과 정부의 질의 관계에 대한 경험적, 실증적 연구들은 매우 부족한 상황이며, 이에 대한 추가적인 논의는 계속 이루어질 필요가 있다.

본 연구에서는 이미 언급한 바와 같이 사회자본과 경제발전의 관계 유형과 정부의 질 간의 관계를 실증적으로 분석하고자 한다. 따라서 본 연구의 논의와 관련된 선행 연구들에 대한 검토는 본 연구를 보다 효율적으로 전개하는 데 상당히 도움을 준다. 〈표 2-4〉는 구체

〈표 2-4〉 사회자본, 경제발전, 정부의 질, 그리고 유형화와 관련한 선행 연구 정리

분야	선행 연구
사회자본에 대한 이론적 연구	World Bank(1985), Coleman(1988, 1990), Bourdieu & Wacquant (1992), Leana et al.(1999), Putnam(1995, 2000), Fukuyama(1995), Onyx & Bullen(2000), Adler & Kwon(2002), Ostrom(2003), Glaeser & Redlick(2008) 등
사회자본에 대한 실증적 연구	Dosi(1988), Knack and Keefer(1997), Almeida and Kogut(1999), Onyx and Bullen(2000), Dasqupta(2000), Whiteley(2000), Bjornskov & Svendsen(2003), Sorenson(2003), Owen-Smith and Powell(2004), Tallman et al.(2004), Dakhli and de Clercq(2004), Beugelsdijk and van Schaik(2005), Chou et al.(2006), Westlund (2006), Doh and Acs(2010), Doh and Zolnik(2011), 박찬웅(1999), 박희봉 · 김명환(2000), 김태룡(2006), 박희봉(2002), 김왕배 · 이경용(2002), 박희봉 외(2003), 배병룡(2005), 이창기 · 박종관(2005), 김상미(2005) 등
사회자본 수준 측정에 대한 연구	Knack & Keefer(1997), Whiteley(2000), Grootaert(2001), Bjornskov & Svendsen(2003), Dakhli & de Clercq(2004), Beugelsdijk & van Schaik(2005), Doh and Acs(2010), Doh and Zolnik(2011), 소진광(2004), 최영출(2004) 등
정부 운영 방식에 대한 연구	Kettl(1998), Salamon(2002), Howlett(2005), OECD(2008) 등
사회자본과 경제발전의 관계에 대한 연구	Knack and Keefer(1997), Woolcock(1998), Almeida and Kogut (1999), Fedderke et al.(1999), Torsvik(2000), Sorenson (2003), Beugelsdijk and Smulders(2004), Beugelsdijk et al.(2004), Owen-Smith and Powell(2004), Tallman et al.(2004), Beugelsdijk and van Schaik(2005), Doh and McNeely(2012) 등
사회자본과 정부운영 방식의 관계에 대한 연구	Putnam(1993), Gregory(1999), Ostrom & Ahn(2003), Callahan (2007), 박희봉·김명환(2000), 박희봉(2002), 김정렬·김시윤 (2003), 김형양(2004), 오수길·곽병훈(2004), 최영출(2004), 박희봉(2005), 한준(2006), 이숙종 외(2008) 등
정부의 질에 대한 연구	World Bank(1992), Leftwich(1993), Kaufmann et al.(1999), Rhodes(2000), Polzer(2002), Rothstein and Teorell(2005, 2008), Longo(2008), Wilson(2008), Kaufman et al.(2010), 임의영 (2011)
정부 역할 유형화 연구	김태일 · 박상현(2013)
복지국가 유형화 연구	Esping-Andersen(1990), Goodman et al.(1998), Jessop(1999), Holliday(2000), 남찬섭(2002), 홍경준(2002), 정무권(2002), 김철주(2004) 등

적으로 본 연구의 논의와 관련한 선행 연구를 정리한 것이다.

〈표 2-4〉에 따르면 사회자본과 경제발전을 함께 논의한 연구, 그

리고 그 관계 유형이 정부의 질에 미치는 영향을 분석한 연구는 찾기 어렵지만, 각각에 대하여 논의한 연구들은 다양하게 존재하고 있음을 알 수 있다.

2) 사회자본에 관한 선행 연구의 한계

사회자본에 관한 지금까지의 선행 연구들을 요약해 보면, 사회자본이 창의적 기업가정신, 혁신, 경제적 성과(경제발전과 성장), 정부의 질적 향상 등에 긍정적인 영향을 미치고 있음을 주장하고 있다. 그럼에도 불구하고 많은 선행 연구들은 다음과 같은 한계점들이 있다.

첫째, 많은 선행 연구들은 주로 지역 수준에서 사회자본의 영향을 분석한 연구들이 주류를 이룬다. 그러나 사회자본이 경제발전이나 정부의 질적 향상에 미치는 영향은 분석 수준에 따라 달라질 수 있다. 예를 들어, 지역 수준에서의 사회자본의 역할과 국가수준에서의 사회자본의 역할은 다를 수 있다. 그렇기 때문에 사회자본이 경제발전이나 정부의 질적 향상에 미치는 영향이나 효과를 국가수준에서 분석하는 연구도 상당히 필요하며, 그 결과를 지역 수준에서의 분석 결과와의 비교를 통해 어떤 측면에서 차이점이 존재하는지에 대한 논의도 상당히 의미 있는 일이다.

둘째, 선행 연구들이 분석한 사회자본이 경제발전에 미치는 효과는 긍정적, 부정적, 중립적 등과 같이 상당히 비일관적인 경우가 많다. 예를 들어 Putnam(1993a, 1993b), Onyx and Bullen(2000), Coleman (1988, 1990), Knack and Keefer(1997), Quinn(1979) 등은 사회자본의 긍정적인 역할을 주장하였으나 Chou et al.(2006)은 사회자본의 부정적인 역할을 주장하였다. 아울러 Fukuyama(1999)와 Dasgupta(2000)

는 사회자본이 긍정적인 영향뿐만 아니라 부정적인 영향도 미친다고 주장하였으며, Dakhli and de Clercq(2004)는 사회자본의 핵심 구성 요소인 신뢰와 사회 네트워크만 부분적으로 긍정적인 역할을 수행하고 있다고 주장하였다. 또한 사회자본과 경제발전의 관계의 유형화와 관련하여서도 기존 연구들 중에서 양자 관계의 유형화를 시도한 연구는 아직 없다. 이에 비하여 복지 분야에서는 Esping-Andersen(1990)의 연구 이후 정부 역할의 유형 분류가 활발하게 이루어졌는데, 이처럼 복지 정책의 특성에 따라 국가들을 유형화한다는 생각은 본 연구에 직접적인 시사점을 주었다. 즉 본 연구에서는 이러한 유형화 연구를 바탕으로 사회자본과 경제발전 간의 유형화를 시도하고자 한다.

셋째, 국가나 지역수준에서 사회자본의 수준을 측정하기 위한 측정 지표의 개발이 미비하다. 지금까지 사회자본 개념에 대한 광범위한 적용과 활용에도 불구하고 아직까지 사회자본 수준 측정을 위한 측정 지표 개발의 미비는 근본적으로 사회자본이 다차원적인 개념이기 때문에 발생한 문제라고 볼 수 있으나(Beugelsdijk and van Schaik, 2005), 사회자본 연구의 현실적인 수행을 위해서는 연구자들이 반드시 해결해야만 하는 과제라고 볼 수 있다. 좀 더 구체적인 예를 들면, 사회자본과 정부 운영 방식의 관계에 대한 대부분의 연구는 사회자본과 거버넌스의 관계에 대해 논의하였다. 즉 사회자본은 행위자들 간의 신뢰를 촉진시킴으로써 집합적 행위(collective action)를 가능하게 하여 이상적인 거버넌스 형성에 기여하며(예: Putnam, 1993; Gregory, 1999; Ostrom & Ahn, 2003), 정부 업무의 투명성 제고를 위한 시민 참여는 효과적인 거버넌스를 형성하는 데 중요한 요소가 된다(Callahan, 2007). 그러나 이 연구들은 사회자본과 거버넌스의 관계를 논의하는 데 사회자본을 구성하는 중요한 하위 요소들인 사회 네트워크나 시민 의식을 제대로 고려하지 못하고 있다.[3] 다시 말해 사회자본 측정에 대한 연구를 비롯하여 기존의 사회자본과 정부 운영 방식의 관계에 대한 연구들은 신뢰, 사회 네트워크, 시민 의식 등과 같은 요소들이 사회자본을 구성하는 중요한 하위 개념임에도 불구하고 사회자본 측정 과정에서 이들 요소들을 종합적으로 고려하지 못하는 한계가 있다. 비교적 최근에 Knack and Keefer(1997), Whiteley(2000), Bjornskov and Svendsen(2003), Dakhli and de Clercq(2004), Beugelsdijk and van Schaik(2005) 등은 사회자본의 역할을 규명하는 과정에서 국가수준에서의 사회자본 측정을 위한 측정 지표 개발을 시도하였으나 사회자본의 핵심적인 하위 구성 요소들을 모두 고려하지 못했을 뿐만 아니라 이들 구성 요소들을 포괄하는 하나의 사회자본 측정 지표도 개발하지 못했다. 따라서 현실적으로 사회자본의 폭넓고 심도 있는 역할 규명을 위해서는 신뢰성과 타당성 있는 활용 가능한 사회자본 측정 지표 개발이 시급한 상황이다.

마지막으로 기존 연구들은 사회자본이 기업가정신이나 혁신, 경제발전에 긍정적인 영향을 줄 수 있다고 주장하면서 실제로 사회자본이 경제발전이나 정부의 질[4]에 미치는 영향을 분석하는 과정에서는 사

---

3) 뿐만 아니라 사회자본과 거버넌스 간의 관련성을 검토한 국내의 많은 연구들(예: 박희봉 · 김명환, 2000; 김형양, 2004; 오수길 · 곽병훈, 2004; 배병룡, 2005)은 공무원의 인식만을 기초로 한 연구, 구체적인 지역 또는 세부적인 서비스분야 등을 대상으로 연구한 것으로 그 연구 결과를 일반화하는 데에는 상당한 어려움이 있다.

4) 정부의 질에 대한 선행 연구들을 분석해 보면, 먼저 세계은행(World Bank)에서 주도한 좋은 거버넌스(good governance)에 대한 연구는 신자유주의 이데올로기에 편향되어 있다는 비판을 받고 있다. 정부의 질에 대한 논의를 촉발한 Rothstein and Teorell(2005, 2008)의 개념적 논의 역시 학문적 정교함을 갖추지 못하였고 정부의 질에 대한 표준화된 내용을 담고 있지 못해 그들의 개념적 논의를 일반화하기에는 무리가 따른다. 최근에 임의영(2011)의 연구는 정부의 질과 관련된 기존의 개념적 논의를 질적 측면에서 정리하였다는 점에서 상당히 의미가 있다.

회자본과 기업가정신, 사회자본과 경제발전 간의 상호작용 효과를 고려하지 못했다. 그렇지만 사회자본이 경제발전과 정부의 질에 미치는 영향을 정확하게 분석하기 위해서는 사회자본과 상호작용을 일으킬 수 있는 요인들 간의 교호작용효과는 마땅히 통제해야 한다. 그러나 사회자본과 경제발전의 관계가 정부의 질을 설명하는 데 매우 중요한 요소임에도 불구하고 비교적 최근까지 이에 대한 고려 없이 사회자본의 효과를 분석한 경험적, 실증적 연구가 대부분이었다. 따라서 사회자본의 효과를 분석할 때에는 사회자본과 상호작용을 일으키는 요소들을 분석모형에 고려하여 좀 더 연구모형을 구체화하고 정교화할 필요성이 있다. 본 연구에서는 이와 같은 선행 연구의 한계를 조금이나마 극복하고, 좋은 정부 실현을 위한 정부의 질적 제고 노력에 대한 이론적, 실증적 논의 제공을 위해 사회자본과 경제발전의 관계 유형을 '정부의 질'을 설명하는 데 적용하고자 한다.

결과적으로 이와 같은 선행 연구들이 지니고 있는 한계점들은 향후 사회자본과 관련한 연구들이 고려해야 할 점들이며, 본 연구에서는 이러한 선행 연구의 한계점들을 구체적으로 고려하여 사회자본과 경제발전의 관계, 사회자본과 정부의 질 간의 관계를 분석하고자 한다.

제2절 사회자본의 핵심 구성 요소

1. 신뢰

일반적으로 신뢰는 사전적 의미로 믿고 의지하는 것을 말하지만 접근 방법에 따라 퍼스널리티(personality)적, 사회학적, 경제학적, 사회심리학적 관점 등으로 다양하게 구분할 수 있다(Worchel, 1979). 그렇지만 사회자본과 관련하여 신뢰의 의미를 파악하는 데에는 Dakhli & de Clercq(2004)의 연구가 유용하다. Dakhli & de Clercq(2004)는 신뢰의 종류를 일반적인 신뢰(generalized trust)와 제도적 신뢰(institutional trust)로 구분하였다. 먼저 일반적인 신뢰는 사회 구성원 개인이 다른 사람을 일반적으로 얼마나 신뢰하고 있는가를 의미한다. 따라서 일반적인 신뢰는 사람들 간의 상호작용과 커뮤니케이션을 촉진할 뿐만 아니라 불확실성을 감소할 수 있다(Sako, 1992; Beugelsdijk and van Schaik, 2005).

다음으로 제도적 신뢰는 사회 구성원이 사회제도나 조직을 얼마나 신뢰하고 있는가를 의미한다. 사회제도나 그 사회에 존재하는 조직들은 사회 구성원이 살아가는 데 필요한 구성체로써 이와 같은 제도나 조직들이 없다면 사회에는 혼란과 무질서가 팽배하게 될 것이다. 예를 들어 국방, 치안, 의회, 행정부 등과 관련된 제도나 조직이 없다면 우리 사회를 운영하는 데에는 상당한 애로가 발생할 것이다. 그렇기 때문에 효율적인 사회 운영을 위해 다양한 제도나 조직들이 존재하며, 그 속에 존재하는 사회계약(예: 사회적인 약속이나 규칙들)이 준수될 수 있도록 사회 구성원 모두가 노력한다. 만일 사회 구성원이 자신의 이익 극대화를 위해 사회계약을 파기하면 사회계약 메커니즘이 발동하여 사회는 그 행동에 대한 제재를 가하기 마련이며, 이는 약속이나 규칙 위반자에게 비용을 부과한다. 이런 측면에서 볼 때, 제도적 신뢰는 사회계약을 맺는 계약 당사자들이 사회적 약속이나 규칙을 어기게 되면 반드시 그 대가를 지불해야 한다는 인식을 심어 주고, 이는 곧 상대방에 대한 억제에 기초한 신뢰(deterrence-based trust)라고 볼 수 있다.

사회를 구성하는 개별 행위자가 사회제도나 조직들 그리고 그것을 구성하는 사회 구성원을 신뢰한다면, 이는 일반적으로 사회 구성원 간의 협력이나 상호작용을 증진시킬 수 있을 것이며, 불신에 기초한 엄격한 감시나 통제에 수반된 사회적 비용들은 줄어들 것이다(Quinn, 1979; Dakhli and de Clercq, 2004). 뿐만 아니라 서로에 대한 신뢰 수준이 높다면, 개별 구성원에게 필요하고 유용한 정보의 교환과 교류 활동도 활발하게 이루어질 것이다(Knack and Keefer, 1997). 따라서 신뢰는 궁극적으로 사회 구성원의 거래비용을 줄이며(Fukuyama, 1995), 사회적 상호작용과 커뮤니케이션을 증대하는 역할을 수행한다.

2. 사회 네트워크

사회 네트워크는 사회라는 공간 안에서 구성원 개인이 그가 속한 조직 내외의 다른 구성원과 맺고 있는 연결고리를 의미한다. 개인들은 사회 네트워크를 이용하여 일종의 사회적 상호작용을 하고, 그 속에서 협력적 사회 네트워크를 구축한다. 이러한 사회 네트워크 구축 과정에서 구성원은 다양한 형태의 조직이나 기관에 자발적으로 가입하여 조직 구성원이 되어 멤버십을 획득하고, 참여 활동을 펼친다(Knack and Keefer, 1997; Dakhli and de Clercq, 2004). 이는 사회 구성원이 사회 네트워크라는 범위 안에서 친밀한 유대 관계를 맺는 것을 의미하는데, Coleman(1988, 1990)은 이러한 사회 네트워크의 범위 안에서 맺어진 구성원 간의 친밀한 유대 관계는 구성원 간의 신뢰, 협력, 사회적 상호작용을 촉진하는 분위기와 규범을 형성하는 데 긍정적인 영향을 미친다고 주장하였다. 또한 Putnam(1993a)도 구성원 간의 사회적 관계가 좀 더 수평적이고, 신뢰나 공유된 가치, 상호 지지, 유대감 등에 기초하여 형성된 지역이 그렇지 않은 지역에 비해 사회 조직에 대한 참여율이 높고, 보다 높은 수준의 사회자본을 축적하고 있다고 주장하였다. 이와 같은 논리는 사회 구성원이 단순히 어떤 조직에 대한 멤버십(passive membership) 개수만 많이 늘린다고 해서 사회 네트워크가 제공하는 혜택 또는 편익을 모두 얻을 수 있는 것이 아니라 그러한 조직들의 활동에 적극적으로 참여함(active membership)으로써 사회 네트워크 형성의 혜택 또는 편익을 최대로 얻을 수 있다는 측면에서 Beugelsdijk & van Schaik(2005)의 주장과도 일맥상통한다. 이는 사회 네트워크 형성을 통한 사회적 상호작용 과정에서 사회 구성원의 적극적인 참여와 협력 활동이 매우 중요함을 시사한다.

3. 시민 의식

시민 의식 또는 사회 규범은 일반 시민들이 개인의 사익보다는 공익에 좀 더 가치를 두고, 공익 추구를 위해 서로 협력하는 경향을 의미한다(Knacker and Keeper, 1997; Dakhli and de Clercq, 2004). 이러한 비공식적 메커니즘은 종종 사회적 상호작용(사회 네트워크) 활동과 공존하는 것으로 알려져 있는데, 그 이유는 사회적 복지(societal well-being) 향상을 추구하는 사람들은 다양한 사회 활동에 더 적극적으로 참여하고자 하기 때문이다. 즉 그들은 다른 사람들과 정보, 아이디어, 지식 등을 교환하는 데 좀 더 적극적이며, 사회 구성원 모두에게 가장 적합한 이상적 상태(ideal state)에 대한 합의를 도출하고자 노력한다(Dakhli and de Clercq, 2004). 하지만 선행 연구들은 시민 의식과 사회 네트워크 구축을 통한 상호작용 활동 간에는 두드러진 차이점이 존재함을 보여 준다. 예를 들어 Olsen(1982)은 어떤 사회 조직체나 결사체의 주요 존립 목적은 그 조직체나 결사체 구성원의 이익을 극대화하는 것이며 그렇기 때문에 사회 조직체나 결사체는 특정 이익집단(special interest groups)으로서의 기능을 수행하고 있다고 주장한다. 더구나 그러한 사회 조직체나 결사체의 사익 추구 극대화 행위는 사회적 비용을 증가시킨다. 따라서 시민 의식 또는 사회적 규범 개념은 사회 네트워크 구축을 통한 사회적 상호작용 개념과는 다르다고 볼 수 있다. 이러한 면을 고려해 볼 때, 비록 사회 조직체나 결사체의 구성원이 된다는 것이 사회 네트워크 구축을 통한 사회적 상호작용 및 시민 참여 행위와 밀접한 관련을 맺더라도 사회적 상호작용 행위의 목적은 사회 조직체나 결사체 유형에 따라 다르다는 점을 알 수 있다.

제3절 사회자본의 측정

1. 사회자본 측정 지표

1) 사회자본 측정 지표와 관련된 선행 연구

사회자본은 본질적으로 추상적 개념이기 때문에 그 개념적 정의가 매우 다양하다. 그렇기 때문에 실제로 사회자본에 관한 다양하고 광범위한 연구가 진행되고 있음에도 불구하고 아직도 실증분석을 위한 측정 도구가 불충분하다(Paxton, 1999; Stone, 2001).[5] 사회자본 수준을 측정한 국내외 선행 연구들을 분석해 보면, 분석 단위 측면에서 볼 때

5) Knack(2002)은 흔히 이용되는 용어 역시 과도하게 합산되거나 이질적인 자료가 사용되기도 한다(박희봉, 2009: 67).

대체로 집단(국가, 지역, 조직) 수준과 개인 수준에서 사회자본을 측정하고 있음을 알 수 있다.[6] 집단 수준의 경우에는 대체적으로 국가수준에서 사회자본을 측정하여 분석에 활용한 경우가 많았는데, 국가수준에서 사회자본을 측정한 선행 연구들은 신뢰(일반적, 제도적 신뢰), 사회 네트워크 활동(소극적, 적극적 활동), 시민 의식(규범)과 같은 하위 구성 요소들 중에서 신뢰 또는 네트워크와 같은 일부 요소만을 측정하여 통칭적으로 사회자본이라고 명명하고 있다. 특히 지금까지 이루어진 국내외의 많은 경험적, 실증적 연구들(예: Putnam, 1993a; Narayan and Cassidy, 2001; Freitag, 2003; 임경수, 2004)은 신뢰만을 활용하여 사회자본을 측정하였다.[7] Onyx & Bullen(2000)는 지역 수준에서 신뢰, 호혜성, 네트워크에의 참여, 적극적 활동력, 사회 규범 등과 같은 개념을 활용하여 좀 더 다차원적인 방법으로 사회자본을 측정하기도 하였다.

개인 수준에서 사회자본을 측정한 선행 연구들은 집단 수준에서의 측정과 마찬가지로 신뢰, 사회 네트워크, 시민 의식(규범)과 같은 하위 구성 요소들을 활용하여 사회자본을 측정하였으나 대체적으로 일반적 신뢰만을 활용하여 사회자본 수준을 측정한 경우가 많았다. 비교적 최근 들어 사회 네트워크와 시민 의식 등을 포함하여 개인의 사회

---

6) 사회자본은 사회 발전의 중요한 지표이자 국가의 안정적, 지속적 성장과 발전을 가능하게 해 주는 중요한 원동력 중의 하나이다(홍영란 외, 2007). 뿐만 아니라 지역사회는 사회자본이 축적될 수 있는 공간이기 때문에 사회자본 측정에 있어서 지역사회와의 연계성을 고려할 필요가 있다(홍영란 외, 2007: 6). 따라서 선행연구들은 지역 수준에서의 사회자본 측정의 필요성을 제기하기도 하였다. 그러나 사회자본에서 '사회'의 범위를 어떻게 설정하느냐에 따라 사회의 의미가 지역이 될 수도 있고 국가가 될 수도 있다. 따라서 향후 사회자본에 관한 경험적 연구에서는 '사회' 개념의 조작적 정의를 명확히 한 후에 경험적, 실증적 분석을 실시할 필요성이 있다.

7) 신뢰 중에서도 특히 일반적 신뢰만을 활용하여 사회자본을 측정한 선행 연구가 많다.

자본 수준을 측정하고자 한 연구들이 몇몇 발견되나 아직까지 사회자본의 핵심 구성 요소인 신뢰, 사회 네트워크, 시민 의식 등을 포괄하여 사회자본 수준을 측정한 연구는 매우 부족하다. 그러나 사회자본과 관련된 선행 연구들은 개별 연구 목적이 서로 다르기 때문에 사회

〈표 2-5〉 사회자본 측정지표들

구분	측정지표	
수평적 연합체 (Horizontal Associations)	• 연합체나 지역 단체의 수와 형태 • 지역 연합체 회원의 규모 • 참여적 의사결정의 수준 • 연합체 내 끈끈한 연대감(유대감)의 정도 • 연합체 내 소득과 직업의 동질성 정도 • 마을 주민 및 가족 구성원들 간의 신뢰 수준 • 정부에 대한 신뢰 수준	• 노동조합에 대한 신뢰 수준 • 커뮤니티 조직의 규모나 범위에 대한 인식 • 지원 네트워크(networks of support)에 대한 의존도 • 송금액(remittances)에서 가구 소득이 차지하는 비율 • 선물과 송금(gifts and transfers)에 소요된 가계 지출의 비율
시민·정치적 사회 (Civil and Political Society)	• Gastil*의 시민의 자유 지수 (Index of civil liberties) • 정치적 차별을 받는 인구의 비율 • 정치적 차별 정도를 나타내는 지수 • 경제적 차별을 받는 인구의 비율 • 경제적 차별 정도를 나타내는 지수 • 분리주의자운동(separatist movements)에 참여하고 있는 인구의 비율 • Gastil*의 정치적 자유 지수(index of political rights) • 정치적 자유에 대한 프리덤하우스 지수(Freedom House index) • 민주주의 지수(Index of democracy)	• 부패지수(Index of corruption) • 정부비효율성 지수 (Index of government inefficiency) • 민주주의 제도의 강도 (Strength of democratic institutions) • 인간의 자유 정도 • 정치적 안정 정도 • 정부의 분권화 정도 • 투표율 • 정치적 암살 • 헌정(Constitutional government) 변화 • 쿠데타
사회 통합 (Social Integration)	• 사회적 이동(social mobility) 지표 • 사회적 긴장의 강도 지표 • 민족언어학적인 분화 • 기타 범죄율 • 인구 10만 명당 재소자 수 • 불법율(Illegitimacy rates) • 편부모가정 비율	• 폭동과 항의 시위 • 파업 • 살인율 • 자살률 • 이혼율 • 청년실업률
법적 · 거버넌스적 측면 (Legal and Governance Aspects)	• 관료제의 질 • 사법부 시스템의 독립성 • 강제수용과 국유화의 위험 • 정부의 계약 거부	• 계약의 강제 가능성(이행 가능성) • 계약집약적 금전(Contract-intensive money) (currency/M2)

* Raymond Duncan Gastil(1931~2012)은 프리덤하우스(Freedom House)에서 발간하는 Freedom in the World 보고서에서 제공하고 있는 각국의 정치적 자유(political freedom) 정도를 측정하고 평가하는 역할을 담당한 미국의 유명한 사회과학자였음.
출처: Grootaert(2001, pp. 22-23).

자본 측정도 서로 다를 수밖에 없다는 점을 고려해 볼 때 연구 목적에 맞는 사회자본 측정 지표를 개발하는 것도 상당히 중요하다고 볼 수 있다.

비록 앞에서 언급한 이와 같은 선행 연구들은 사회자본 측정과 관련하여 많은 한계점을 지니고 있음에도 불구하고 사회자본이 다차원적인 속성을 지니고 있다는 점을 분명히 보여 준다. 따라서 비록 사회자본 수준 측정이 어려움에도 불구하고 그동안 많은 경험적, 실증적 연구들은 다양한 사회자본의 개념적, 조작적 정의들을 활용하여 사회자본 측정 지표들을 개발해 왔다(Grootaert, 2001). 〈표 2-5〉는 기존의 경험적, 실증적 연구들이 활용해 왔던 사회자본 측정지표들을 정리한 것이다.

〈표 2-5〉에 따르면, Grootaert(2001)는 사회자본 지표를 수평적 연합체, 시민 · 정치적 사회, 사회 통합, 법적 · 거버넌스적 측면으로 구분하여 각 카테고리별 사회자본 측정 지표들을 구체적으로 제시하였다. 각각의 카테고리는 사회자본의 다양한 하위 지표들을 포함하고 있는데, 특히 수평적 연합체에 속한 지표들은 전형적으로 한 국가 내 개인 수준(미시적 수준)에서의 분석을 위해 활용되고 있다. 그러나 다른 카테고리에 속한 지표들은 국가 간 비교분석을 위한 국가 수준에서의 측정을 위해 활용되고 있다. 따라서 이를 통해 기존의 연구자들은 연구의 분석 수준에 따라 서로 다른 사회자본 측정 지표들을 활용해 왔음을 알 수 있다.

비교적 최근 들어 몇몇 연구들(예: Knack and Keefer, 1997; Whiteley, 2000; Bjørnskov and Svendsen, 2003; Dakhli and de Clercq, 2004; Beugelsdijk and van Schaik, 2005; Doh and Acs, 2010)은 세계가치조사와 같은 국가 데이터를 활용하여 사회자본을 신뢰, 사회 네트워크 활동,

시민 의식(규범) 측면들을 통합적으로 고려한 보다 다차원적인 접근을 시도하였다. 본 연구에서도 세계가치조사 데이터를 활용하여 사회자본의 수준을 측정하고자 하기 때문에 세계가치조사 데이터를 활용해 사회자본 수준을 국가수준에서 측정한 선행 연구들을 정리해 보면

〈표 2-6〉 사회가치조사 자료를 이용한 사회자본 측정에 관한 선행 연구: 국가수준에서 측정

분류 \ 선행 연구			Knack & Keefer(1997)	Whiteley(2000)	Bjørnskov & Svendsen(2003)	Dakhli & de Clercq(2004)	Beugelsdijk & van Schaik (2005)	Doh & Acs(2010)*
하위 구성 요소	신뢰	일반적 신뢰	일반적으로 신뢰한다고 응답한 사람의 비율	3개 문항의 평균 점수	일반적으로 신뢰한다고 응답한 사람의 비율	일반적으로 신뢰한다고 응답한 사람의 비율	10개 문항에 대해 신뢰한다고 응답한 사람의 비율	일반적으로 신뢰한다고 응답한 사람의 비율
		제도에 대한 신뢰				16개 문항의 평균 점수		6개 문항의 평균 점수
	네트워크 활동		10개 단체에 대한 응답자의 평균 단체 가입 수		16개 단체에 대한 응답자의 평균 단체 가입 수	9개 단체 중에서 적극적으로 활동하고 있는 단체의 평균 가입 수	• 15개 단체 중에서 응답자의 평균 (소극적) 단체 가입 수 • 5개 단체 중에서 응답자의 평균 (적극적) 단체 가입 수	• 8개 단체 중에서 응답자의 평균 (소극적) 단체 가입 수 • 8개 단체 중에서 응답자의 평균 (적극적) 단체 가입 수
	시민의식(규범)		5개 문항의 평균점수			5개 문항의 평균점수		4개 문항의 평균 점수와 Transparency International에서 제공하는 부패지수를 가중평균한 값
방법론			각각의 하위 구성 요소를 개별적으로 분석에 활용	요인분석을 통한 요인점수의 평균값 활용	각각의 하위 구성 요소를 개별적으로 분석에 활용	각각의 하위 구성 요소를 개별적으로 분석에 활용	요인분석을 통한 요인 점수 활용	각각의 하위 구성 요소들에 대한 다양한 가중치를 부여하여 사회자본지수를 개발하여 분석에 활용
사례 수			29개 국가	34개 국가	32개 국가	59개 국가	7개국 54개 지역	53개 국가
자료 출처			WVS(1990)	WVS(1995)	WVS(1995)	WVS(1995)	유럽가치조사(EVS) (1990)	WVS(2005)

* 각각의 하위 구성 요소 측정치를 모두 100점 만점으로 환산하여 분석에 활용하였음.

〈표 2-6〉과 같이 나타낼 수 있다. 물, 세계가치조사를 활용하여 국가 수준에서 사회자본을 측정한 연구들을 모두 열거할 수는 없으나 〈표 2-6〉에 제시된 선행 연구들은 경험적, 실증적 연구들에게 비교적 많이 인용되는 연구들이기 때문에 본 연구에서는 이들 선행 연구들의 장단점을 논의하고자 한다.

〈표 2-6〉에 따르면, Knack & Keefer(1997)는 사회자본 측정에 신뢰, 네트워크, 시민 의식을 통합적으로 고려하였다는 측면에서 상당히 가치 있는 연구이지만 제도적 신뢰와 적극적 네트워크 활동 측면을 고려하지 못했다는 측면에서 연구의 한계가 있다. Whiteley(2000)는 일반적 신뢰만을 활용하여 사회자본을 측정하여 사회자본의 다차원적 속성을 고려하지 못했다. Bjørnskov & Svendsen(2003)는 일반적 신뢰와 네트워크 활동 측면을 고려하였으나 제도적 신뢰와 적극적인 네트워크 활동 측면, 시민 의식(규범) 측면 등을 고려하지 못하였다. 대신에 Bjørnskov & Svendsen(2003)는 프리덤하우스(Freedom House)에서 발간하는 정치적 자유와 시민의 자유를 측정한 지표들을 활용하여 사회자본 수준을 측정하였는데, 특히 부패와 경제적 자유 개념을 활용하였다. Dakhli & de Clercq(2004)은 신뢰, 네트워크 활동, 시민 의식(규범)을 통합적으로 고려하였다는 측면에서 매우 가치가 있으나 적극적인 네트워크 활동 측면을 사회자본 측정에서 고려하지는 못하였다. Beugelsdijk & van Schaik(2005)는 소극적인 네트워크 활동뿐만 아니라 적극적인 네트워크 활동 측면을 모두 고려하여 기존 연구의 한계를 극복하고자 하였으나 제도적 신뢰와 시민 의식(규범) 측면을 사회자본 측정 과정에서 고려하지 못하였다. 비교적 최근에 Doh & Acs(2010)는 사회자본 측정과 관련된 선행 연구들의 한계를 극복하고자 (일반적, 제도적)신뢰, (소극적, 적극적)네트워크 활동, 시민의식(규범)과

같은 핵심적인 하위 구성 요소들을 사회자본 측정 과정에서 통합적으로 고려하였으며, 사회자본지수 산출 과정에서도 하위 구성 요소에 다양한 가중치를 부여함으로써 지수 산출 과정에서 민감도를 보여주고자 노력하였으나 여전히 좀 더 정교한 방법에 기초한 사회자본지수 개발이 이루어지지는 못하였다. 따라서 국가수준에서의 사회자본 측정은 여전히 많은 논의가 필요한 부분이라고 판단된다.

다음으로 개인 수준에서 사회자본 수준을 측정한 선행 연구들을 분석해 보면, 국가수준에서의 연구와 마찬가지로 많은 연구(예: Fukuyama, 1995; Putnam, 1995b)가 개인이 다른 사람이나 기관에 대해 가지고 있는 신뢰 여부나 신뢰 정도에 기초하여 사회자본 수준을 측정하였다. 그리고 Stone(2001)와 이정규(2003)의 연구에서는 사회적 네트워크 측면에서만 사회자본을 측정하였다. 박희봉 · 김명환(2000)은 지역, 시민 교육, 지역사회 리더십, 규범, 신뢰, 의사소통 채널, 지역사회 거버넌스, 지방정부의 역할, 지역사회 능력, 행정 대응성이라는 측면에서 좀 더 다양한 측면들을 고려하고자 하였으나 사회자본의 핵심적 구성 요소들인 신뢰, 네트워크, 규범 등을 포괄적으로 고려하지는 못하였다. 그러나 박희봉(2001)과 김상묵 외(2001), 윤두섭 · 오승은(2007) 등의 연구에서는 신뢰, 네트워크, 규범과 같은 사회자본의 세 가지 핵심적 하위 구성 요소들을 고려하여 사회자본을 측정하였으나 적극적인 네트워크 활동과 관련된 측면들은 고려하지 못했다. 유재원(2000)은 참여, 투표, 정치적 관심, 정치 지식, 시민 의무감, 관용성, 정부 신뢰, 사회 신뢰, 정치 효능이라는 측면에서 사회자본을 측정하였으나 사회 네트워크 측면은 고려하지 못했다. 국가수준에서의 선행 연구들이 본질적으로 개인의 사회자본적 속성들을 활용하여 국가수준에서의 사회자본을 측정했다는 측면을 고려해 볼 때, 이처럼 개인 수준에서 이루어진 사회자본 측정도 신뢰, 네트워크 활동, 시민의식(규범) 등을 통합적으로 고려하거나 일부만을 고려하여 이루어졌음을 알 수 있다.

2) 사회자본 측정 지표 개발

본 연구에서는 사회자본 측정과 관련된 선행 연구들이 가지고 있는 한계점들을 고려하여 사회자본의 다차원적 속성들에 대한 보다 통합적 접근을 활용하여 국가수준에서 사회자본을 측정하고자 한다.

(1) 사회자본 측정을 위한 데이터: 세계가치조사

본 연구에서는 국가수준에서 사회자본 측정을 위해 주로 2005~2006년도에 실시된 제5차 "2005 세계가치조사(World Values Survey)"의 원 자료를 사용한다. 세계가치조사는 World Values Survey Association[8)]에서 주관하고, 미국 미시간 대학의 The Institute for Social Research에 의해 수행된 국가 간 프로젝트이다. 지금까지 1981~1984년, 1990~1993년, 1996~1997년, 1999~2001년 그리고 2005~2007년에 걸쳐 총 다섯 차례의 조사가 있었으며, 최근에 2010~2014년의 제6차 조사가 거의 완료되었다. 제6차 세계가치조사 내용에는 전 세계 65개국 이상의 거주민들의 인구통계학적, 정치적, 경제적, 사회적, 문화적, 종교적 특징들 및 각국의 생활양식에 관한 횡단면적 정보들을 대개 5년 단위로 제공하고 있다. 뿐만 아니라 조사 시기에 따라 조사 대상국이 가변적이긴 하지만 세계가치조사에서 조사대상이 된 국가들은 전 세계 인구의 약 80%를 차지하고 있을 정도

8) World Values Survey Association과 World Values Survey에 대한 보다 구체적인 정보는 공식 웹 사이트인 http://www.worldvaluessurvey.org 참고하기 바란다.

로 조사는 광범위하게 이루어지고 있다.

본 연구의 분석에서 사회자본의 수준을 측정하는 데 활용하고자 하는 제5차 세계가치조사는 비교적 최근에 이루어진 조사로써 2005~2007년에 걸쳐 이루어졌다. 조사는 각국의 언어로 방문조사를 통한 일대일 면접으로 이루어졌으며, 표본추출은 18세 이상 성인들을 대상으로 이루어졌다. 표본의 수는 국가마다 차이는 있으나 대개 600명에서 3,000명 사이에 해당한다. 제5차 세계가치조사는 본 연구에서 측정하고자 하는 사회자본을 구성하는 하위 구성 요소인 신뢰, 네트워크 활동, 시민 의식(규범) 등을 측정하는 데 필요한 설문 문항과 정보들을 제공하고 있다. 뿐만 아니라 응답자들의 연령, 성별, 소득수준, 교육수준 등과 같은 인구통계학적 특성 및 본 연구의 종속변수에 해당하는 기업가정신을 측정하기 위한 매개변수로 활용할 응답자의 직종 형태, 즉 개별 기업의 창업 여부에 대한 정보도 제공하고 있어 본 연구의 분석 목적에 적합하다. 다만 각국의 조사 시점의 차이가 1~2년 정도 존재하여, 이로 인한 측정오차의 발생 가능성이 존재하는 한계가 있다. 그렇지만 기본적으로 조사대상국 모두 2005년에서 2007년에 이루어진 제5차 세계가치조사의 대상국이며, 사람들의 가치가 1~2년 사이에 급속하게 변화하지는 않는다는 점을 고려해 볼 때 본 연구의 분석에 활용하는 데에는 큰 무리가 없을 것으로 생각한다.

(2) 사회자본지수

국가수준에서 사회자본을 측정하기 위해서는 사회자본지수를 활용하는데, 구체적인 지수 산출 방법은 〈표 2-7〉과 같이 나타낼 수 있다.

물론 사회자본지수 산출을 위해서는 다양한 가중치기법을 활용하며,

〈표 2-7〉 사회자본지수(Social Capital Index: SCI) 분류표*

하위 구성 요소		변수 설명
신뢰(TR) =(G+I)/2	일반적 신뢰(G)	• 일반적 신뢰를 측정한 5개 항목의 평균점수 • 각 점수는 100점 만점으로 환산됨
	제도에 대한 신뢰(I)	• 제도에 대한 신뢰를 측정한 6개 항목의 평균점수 • 각 점수는 100점 만점으로 환산됨
네트워크 활동(NA) =(A+P)/2	적극적 네트워크 활동(A)	• 8개 조직(단체) 중에서 적극적으로 참여하는 조직(단체)에 가입한 수 • 각 점수는 100점 만점으로 환산됨
	소극적 네트워크 활동(P)	• 8개 조직(단체) 중에서 소극적으로 참여하는 조직(단체)에 가입한 수 • 각 점수는 100점 만점으로 환산됨
시민의식(규범)(CN)		• 시민의식을 정도를 측정한 4개 항목의 평균점수 • 각 점수는 100점 만점으로 환산됨
사회자본지수(SCI)		각 지수의 평균값=(TR+NA+CN)/3

* 사회자본을 구성하는 각각의 하위 구성 요소를 측정하기 위해 활용된 설문 문항에 대한 구체적인 정보는 본 연구의 〈부록〉에 제시되어 있으니 이를 참고하기 바람.

그럼에도 불구하고 분석 결과가 크게 다르지 않다면 단순 평균값을 활용한 분석 결과를 제시한다. 아울러 사회자본을 구성하는 각각의 하위 구성 요소를 측정하기 위해 활용한 설문 문항들은 선행 연구들에서 활용된 문항들 중에서 비교적 분석에 포함된 분석 대상 국가들에게 공통적으로 적용할 수 있는 문항들만을 고려하였다. 구체적인 문항들에 대한 정보와 각 측정지표 값이 어떤 문항으로부터 어떻게 계산되는지는 본 연구의 〈부록〉에 제시되어 있다.

2. 국가별 사회자본 수준 측정

본 연구에서 산출된 각국의 사회자본지수 및 하위 구성 요소에 대한 기술통계량을 살펴보면 〈표 2-8〉과 같이 나타낼 수 있다.

〈표 2-8〉에 따르면, 각국의 일반적 신뢰와 제도적 신뢰 수준의 평

〈표 2-8〉 사회자본지수와 하위 측정 지표에 대한 기술통계량

구분	사례 수	최소값	최대값	평균	표준편차
일반적 신뢰	86	3.80000	68.00000	25.0093023	14.33264171
제도적 신뢰	82	45.94723	89.46135	61.5318678	7.33751948
소극적 네트워크	80	0.35601	28.82231	6.0253439	5.94981428
적극적 네트워크	80	0.17219	27.60461	3.1345133	4.21601697
시민의식(규범)	83	63.75698	98.50000	87.0112502	6.19472538
사회자본지수	71	26.70869	57.30239	38.3100291	6.74367729

균은 각각 약 25점, 61점으로 나타났다. 그리고 소극적 네트워크와 적극적 네트워크 수준의 평균은 각각 약 6점과 3점으로 수준이 상당히 낮은 것으로 나타났다. 그리고 시민의식(규범)의 평균은 약 87점으로 비교적 높은 수준인 것으로 나타났다. 마지막으로 이와 같은 하위 구성 요소를 기초로 가중치를 부여하지 않고 산출된 사회자본지수의 평균은 약 38점으로 나타났다.

〈표 2-8〉에 제시된 기술통계량에는 본 연구에 포함된 각국의 사회자본 수준이 구체적으로 어느 정도인지에 대한 정보는 포함되어 있지 않다. 따라서 본 연구에서는 〈그림 2-1〉을 통해 개별 국가의 사회자본 수준은 어느 정도인지 사회자본지수를 활용하여 개괄적으로 제시하였다. 물론 〈표 2-8〉과 〈그림 2-1〉에 제시된 사회자본지수와 하위 구성 요소들의 수준은 가중치를 부여하지 않고 산출한 값들인데, 구체적으로 사회자본과 경제발전의 관계, 사회자본과 정부의 질의 관계 등을 논의할 때에는 지수 산출을 위한 가중치 부여 및 국가수준에서의 시민의식(규범) 수준 산출 시 국가별 부패 수준 고려 등이 이루어진다.

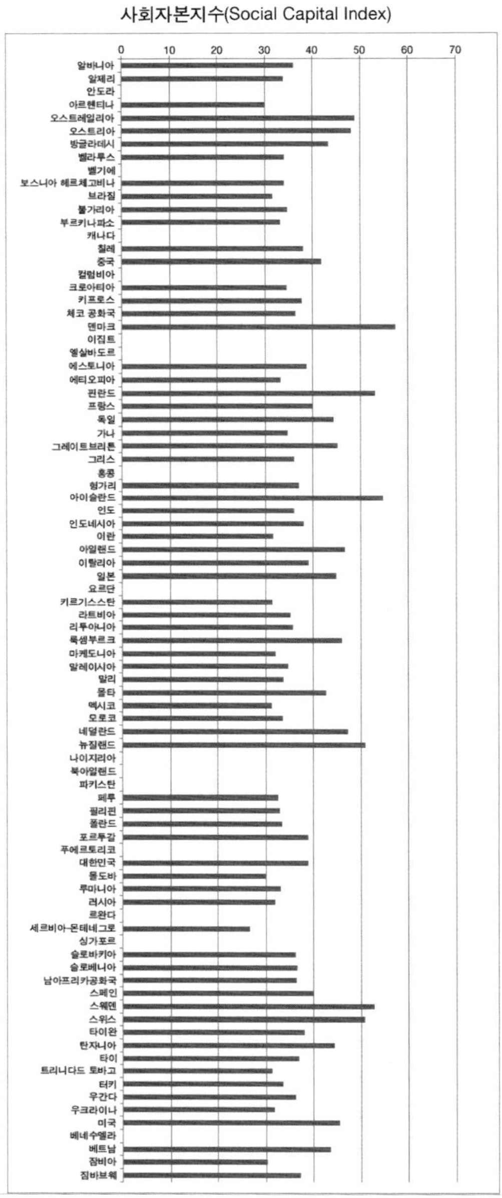

〈그림 2-1〉 각국의 사회자본 수준

제 3 장 사회자본과 경제발전

제1절 경제발전의 설명 요인으로 사회자본 개념의 도입
제2절 사회자본과 경제발전의 관계
제3절 분석 방법과 분석 자료
제4절 사회자본과 경제발전의 관계 분석
제5절 소결

제3장 사회자본과 경제발전

제1절 경제발전의 설명 요인으로 사회자본 개념의 도입

오늘날 지속가능한 경제발전은 전 세계적으로 중요한 정책 아젠더(policy agendas) 중의 하나가 되었으며, 최근 글로벌 경제구조 속에서 어느 국가를 막론하고 지속가능한 경제발전을 이끌어 나갈 수 있는 성장 동력이 무엇인지를 찾는 것은 정책결정자들에게 끊임없는 관심사이자 해결해야 할 정책 과제가 되었다. 따라서 그동안 이 문제를 둘러싸고 다양한 논의들이 이루어졌는데, 여기에는 대표적으로 물적자본(physical capital)에 대한 투자를 강조하는 신고전적 경제이론(Solow, 1957), 교육・훈련의 역할을 강조하는 인적자본론(Schultz, 1967; Lucas, 1988), 지식(knowledge)의 중요성을 강조하는 내생적 경제성장론(Romer, 1986, 1990), 창의적 기업가 활동의 중요성을 강조하는 기업가정신이론(Acs and Audretsch, 2003; Audretsch and Keilbach, 2004) 등이 포함된다. 게다가 오늘날과 같은 혁신주도형 경제구조 속에서의 지속가능한 경제발전의 원동력을 탐색하는 과정에서 사회자본 개념은 물적자본, 인적자본, 지식자본, 창의적 기업가정신자본 등과 더불어 지난 20년

동안 빈번하게 활용된 개념이다(Coleman, 1988; Putnam, 1993).

사실 사회자본이라는 개념은 경제발전의 원동력에 대한 전통적인 관점에 사회적인 구성 요소(social component)를 추가한 의미로 받아들여지는데(Putnam 2000; Audretsch and Keilbach, 2004), 특히 사회 네트워크나 신뢰, 시민 참여 등과 같은 행위자들 간의 관계를 강조하며(Knack and Keefer, 1997; Putnam, 2000; Dakhli and de Clercq, 2004), 경제발전의 중요한 결정 요인으로 인식되고 있다.[1] 다시 말해 사회자본은 경제 주체들 간의 유용한 지식과 정보의 획득을 촉진시키며(Maskell, 2000; Landry et al., 2002), 새로운 지식정보화사회에서의 연구, 교육, 상업적 R&D, 경제발전에 필요한 지식과 정보의 생산과 공유를 확산시키는 데 중요한 역할을 한다(Westlund, 2006).

사회자본과 경제발전 간의 이와 같은 이론적 관계를 실증적으로 분석한 많은 선행 연구들은 사회자본의 역동성 및 경제발전에 미치는 영향의 다양성을 보다 광범위하게 규명하기 위해 개인, 지역, 국가 등 다양한 수준에서 분석을 실시하였다. 특히 Westlund and Adam (2010)은 지난 15년 동안 다양한 수준에서 이루어진 사회자본과 경제적 성과의 관계에 관한 경험적 연구들을 정리하였는데, 그 내용은 〈표 3-1〉과 같이 나타낼 수 있다.

〈표 3-1〉에 따르면, 기업 수준에서 이루어진 연구 결과를 제외한 대부분의 경험적 연구들은 사회자본이 경제적 성과에 미치는 영향이 서로 다르고, 심지어는 정반대의 결과가 나오거나 일관적이지 않은

1) 이에 대한 보다 구체적인 내용은 Knack and Keefer(1997), Woolcock(1998), Fedderke et al.(1999), Torsvik(2000), Beugelsdijk et al.(2004), Beugelsdijk and Smulders(2004), Beugelsdijk and van Schaik(2005b) 등의 연구들을 참고하기 바란다.

〈표 3-1〉 사회자본이 경제적 성과에 미치는 영향에 관한 실증연구: 분석 수준과 사회자본 측정지표별 구분

공간적 분석 수준	선행 연구 수	사회자본 측정지표	선행 연구 수	긍정적	부정적	혼합적, 양면적
국가	23	신뢰	15	9	5	1
		사회 네트워크	8	3	4	1
한 국가 내의 지역/주/커뮤니티	14	신뢰	7	3	2	2
		사회 네트워크	11	6	2	3
여러 국가 내의 지역/주/커뮤니티	7	신뢰	6	4	2	-
		사회 네트워크	5	3	1	1
기업(및 가구)	21	다양한 지표	21	18		3
전체		65				

출처: Westlund and Adam(2010: 893).
주: 몇몇 연구들은 일반적 신뢰, 제도적 신뢰, 소극적 네트워크, 적극적 네트워크 등과 같이 두 가지 유형의 신뢰와 사회네트워크가 경제적 성과에 미친 영향을 분석하였기 때문에 긍정적 영향과 부정적 영향을 동시에 보여줄 수 있는데, 이러한 연구들은 혼합적 또는 양면적 영향으로 분류하였음.

경우도 있음을 보여 준다. 이와 같이 사회자본이 경제적 성과에 미치는 영향이 서로 다르게 나타나게 된 이유 중의 하나는 각 연구의 분석 수준이 각각 다르기 때문이라고 볼 수 있다(Doh and Acs, 2010; Westlund and Adam, 2010). 기업 수준에서 이루어진 분석 결과를 살펴보면, 사회자본이 기업의 경제적 성과에 매우 긍정적인 영향을 미치고 있음을 알 수 있다. 그러나 국가나 지역 수준에서 사회자본이 경제적 성과에 미치는 영향이 때로는 오히려 그 반대의 결과를 초래함을 보여주기도 한다(Westlund and Adam, 2010). 예를 들어 지역 수준에서 분석이 이루어진 선행 연구들(예: Almeida and Kogut, 1999; Beugelsdijk and van Schaik, 2005; Sorenson, 2003; Owen-Smith and Powell, 2004; Tallman et al., 2004)에 의하면 사회자본은 지리적으로 한정된 공공재(a geographically bound public good)이며, 이것은 조직에 필요한 정보 획득과 혁신에 소요되는 거래비용을 감소할 수 있다(Laursen et al., 2007). 그러나 국가수준에서 보면, 사회자본의 이와 같은 특성은 그다

지 긍정적인 영향을 미치지 않을 수도 있다고 한다. 그렇기 때문에 사회자본이 경제적 성과에 미치는 영향이 서로 반대로 도출되는 이유는 부분적으로 분석 수준의 차이에 기인한다고 볼 수 있다.

사회자본이 경제적 성과에 미치는 영향이 서로 다르게 나타나게 된 또 다른 이유 중의 하나는 사회자본과 관련된 기존의 경험적 연구들이 사회자본의 개념을 좁은 의미로 파악하였기 때문으로 볼 수 있다(Doh and Acs, 2010; Westlund and Adam, 2010). 즉 사회자본에 관한 이론적 논의들은 사회자본을 신뢰, (소극적, 적극적)사회 네트워크, 시민 의식(사회 규범)과 같은 핵심적인 하위 요소들로 구성된 개념이라고 정의하고 있지만 실제로 기존의 경험적 연구들은 이와 같은 하위 핵심 구성 요소들을 모두 고려하여 사회자본을 개념 정의 하거나 측정하지는 못하였다(Doh and Acs, 2010; Doh, 2011). 사회자본 측정에 있어서 이와 같은 불충분성은 결국 사회자본이 경제적 성과에 미치는 영향이 연구자마다 비일관적이고 때로는 대립되는 분석 결과를 도출하게 된 중요한 원인 중의 하나가 되었을 것으로 추정할 수 있다.

셋째, 선행 연구들은 사회자본이 경제발전에 미치는 영향을 분석할 때 사회자본과 다른 요인들, 즉 창의적 기업가정신이나 인적자본 등과 같은 요인들과의 상호작용(interactions)을 고려하지 못했기 때문에 사회자본의 영향이 비일관적이거나 때로는 서로 상반된 영향을 미치는 것으로 나타났을 수도 있다. 예를 들어, 사회자본과 창의적 기업가정신의 관계를 분석한 선행 연구들(예: Maskell, 2000; Landry et al., 2002; Aldrich and Martinez, 2003; Thornton and Flynn, 2003; Audretsch and Keilbach, 2004)은 사회자본이 창의적 기업가정신을 함양하는 데 매우 긍정적인 기여를 하는 것으로 파악하였다. 또한 창의적 기업가정신에 관한 다양한 연구들도 오늘날과 같은 지식정보화사회에서 경제발전을 촉진하기 위해서는 창의적 기업가정신이 매우 중요한 요인임을 강조해 왔다. 그렇기 때문에 사회자본이 경제발전에 미치는 영향을 정확하게 분석하기 위해서는 사회자본과 창의적 기업가정신과의 상호작용이 경제발전에 미치는 영향을 통제할 필요성이 있다.

마지막으로 사회자본이 경제발전에 미치는 영향을 분석한 기존의 경험적 연구들은 창의적 기업가정신 요인이 지식정보화사회에서 경제발전에 중요한 영향을 줄 수 있는 이론적 변수임에도 불구하고 통제변수로 분석모형에 포함하지 않았다. 그렇기 때문에 경제발전에 대한 사회자본의 영향이 앞에서 언급한 바와 같이 비일관적이거나 때로는 사회자본이 경제발전에 미치는 영향을 분석한 개별 연구자들의 연구 결과가 상충되었을 가능성이 존재한다.

본 연구에서는 이와 같은 선행 연구들의 한계를 고려하여 사회자본과 경제발전의 관계를 좀 더 용이하게 구할 수 있는 데이터를 활용하여 국가수준에서 분석한다. 아울러 본 연구에서는 물적자본, 인적자본, 지적자본, 창의적 기업가정신 자본 그리고 사회자본의 개념화와 관련된 다양한 논의들에 초점을 두어 경제발전과 관련한 중요한 이론들을 살펴본다. 이러한 이론적 논의에 근거하여 본 연구에서는 사회자본이 경제발전에 미치는 영향과 그 역할을 탐색하기 위해 사회자본 측정 지표를 개발한다. 그리고 난 다음에는 물적자본, 인적자본, 지적자본, 창의적 기업가정신 자본 등이 국가 경제발전의 중요한 원동력이라는 점을 고려하여 적절한 분석모형을 설정한다. 물론 사회자본과의 상호작용 변수들은 분석모형에서 통제되며, 이러한 과정을 통해 본 연구에서는 사회자본이 경제발전에 미치는 영향을 좀 더 정확하게 분석한다.

제2절 사회자본과 경제발전의 관계

1. 경제발전

경제발전은 경제라는 개념이 지니고 있는 다양하고 광범위한 특징들이 반영된 매우 복잡한 개념이며, 경험적 연구에서 구체적으로 경제의 어떤 특징을 반영하여 측정하느냐에 따라 조금씩 다른 개념으로 조작적 정의를 할 수 있다(Malecki, 1991). 예를 들면 경제발전은 경험적 분석을 위해 일자리의 수나 고용률, 부의 수준이나 투자의 수준(levels of wealth and investment), 생산된 재화와 서비스의 가격 등으로 정의하기도 했다(Stimson et al., 2006). 또한 경제발전은 시장에서 새로운 경제활동을 할 수 있는 능력이나 이윤 극대화 능력 등과 같이 장기적이고, 구조적인 속성을 지닌 것으로 이해되기도 하였다(Malecki, 1991: 7).[2] 게다가 지속가능성은 경제발전의 매우 중요한 측면이며, 생산 극대화를 위해서는 자본, 노동, 기술, 재화 등의 적절한 배분뿐만 아니라 시장에서 경제활동에 도움을 줄 수 있는 사회자본과 같은 가치 시스템을 강조한다(Stimson et al., 2006: 6).

한편 어떤 지역이나 국가는 높은 경제성장률을 경험하기도 하지만 다른 지역이나 국가는 그렇지 못하다. 그렇기 때문에 지역이나 국가에 따른 경제성장률의 차이를 설명하는 과정에서 경제성장의 원동력이나 조건이 무엇인지를 탐색하고 논의하는 것은 자연스러운 결과이

2) 경제발전을 이와 다르게 정의한 연구들은 경제발전이 삶의 질 증가와 관련된 것이지 반드시 고용 증가나 재화와 서비스 가격의 상승과 관련된 개념은 아니라고 주장한다(Blakely, 1994; Stimson et al., 2006).

며, 그러한 논의 과정에서 경제발전은 하나의 다차원적인 개념으로 받아들여졌다. 이 과정에서 특히 선행 연구들은 신고전적 이론, 내생적 경제성장론, 인적자본론, 창의적 기업가정신 이론 등을 경제발전을 설명하는 중요한 도구로 활용해 왔다. 따라서 본 연구에서는 다음에서 경제발전을 설명하는 이론적 기초를 위해 이러한 이론들을 개략적으로 살펴보고자 한다. 그리고 난 뒤에는 사회자본과 경제발전의 관계에 관한 이론적 측면들을 논의하고자 한다.

1) 신고전적 이론(Neoclassical Theories)

신고전적 경제 이론은 경제성장을 설명하는 주요 이론 중의 하나이다. 전통적인 신고전적 경제 이론은 물리적 자본과 노동에 대한 투자가 경제성장을 가져올 수 있는 주요 원동력이라고 주장한다. 이와 같은 주장은 대체로 자본과 노동의 한계생산성을 강조하는 Solow(1957)의 모델에 의해 널리 알려졌다.

신고전적 경제이론의 기본 가정은 완전경쟁, 완전정보, 외부성의 부재, 자본의 한계생산성 감소, 기술의 동질적 이용가능성, 지역 간 생산요소의 완전한 이동가능성 등을 포함한다(Hunt, 2000).[3] 콥-더글러스(Cobb-Douglas)의 생산함수에 기초하여, 신고전적 경제성장이론은 자본과 노동의 한계생산성 감소를 가정하고, 물리적 자본의 축적과 노동을 경제성장의 중요한 요인이라고 강조하였다. 하지만 대부분의 신고

3) 의미의 명확한 전달을 위해 신고전적 경제 이론의 기본 가정을 원어로 표현해 보면 'perfect competition and information, absence of externalities, positive and diminishing return of marginal product of capital, homogeneous availability of technology, and perfect factor mobility across region' 등으로 표현할 수 있다.

전적 경제성장이론은 혁신을 주도하는 기술 진보(technological progress) 요인을 외생변수로 간주함으로써 상당한 비판을 받았다(Solow, 1957).[4)]신고전적 경제이론은 기술 진보를 무작위적이고 외생적인 오차항 개념으로 처리하였으며, 단지 생활수준의 향상에 기여하는 유일한 요인이라고 주장하였다. 아울러 물리적 자본의 축적은 단지 지역 간 경제성장의 차이를 부분적으로 밖에 설명할 수 없기 때문에 신고전적 경제이론은 새로운 지식정보화사회에서의 경제성장을 제대로 설명할 수 없었다. 다시 말해 지식(knowledge)이라는 개념은 신고전적 경제성장이론에 통합되어 적절히 설명되지 못했다는 한계를 지니게 되었다(Ciccone and Hall, 1996). 그래서 경제성장의 관측치와 기대치 간의 차이가 발생하게 되었고, 이를 '솔로우 잔차(Solow Residual)'라고 한다. 이처럼 신고전적 경제이론이 지식정보화사회에서 지식과 기술의 중요성을 제대로 고려하지 못하자 내생적 경제성장이론을 포함한 다양하고 새로운 접근법들이 등장하여 경제발전과 경제성장을 설명하기 시작했다.

2) 내생적 경제성장론(Endogenous Growth Perspectives)

내생적 경제성장론은 지식과 기술 변화를 경제성장의 내생변수로 간주하며, 이 변수들이 경제성장에 중요한 역할을 수행한다고 강조한다(Romer, 1986; 1990; Lucas, 1988; Nijkamp and Poot, 1993). 실질적인 경

4) 몇몇 학자들은 신고전적 경제성장이론에서 주장하는 경제성장모형을 좀 더 발전시켜 기술의 역할을 고려하는 신고전적 경제성장이론으로 발전시키고자 노력하기도 하였다(예: Romer, 1986, 1990; Lucas, 1988; Nijkamp and Poot, 1993; Aghion and Howitt, 1992, 1998, 2002).

제성장의 역동성과 관련된 인센티브를 고려하기 위해 내생적 경제성장론은 신고전적 경제이론이 설명하지 못했던 솔로우 잔차의 일부를 설명하고자 노력했다(Teixeira and Fortuna, 2004). 즉 신고전적 경제이론이 자본과 노동의 한계생산성 감소를 가정한 것에 대해 반하여 내생적 경제성장론은 지식을 한계생산성 감소의 속성을 지니지 않는 하나의 자본으로 간주하였다. 또한 지식은 장기적이고 지속가능한 지역경제성장에 긍정적 외부효과(positive externalities)와 파급효과(spillover effect)를 가져올 수 있다고 주장한다. 그렇기 때문에 지식은 한계생산비용과 관련하여 비경쟁적, 비배타적, 무형의 재화라고 볼 수 있다(Romer, 1986, 1990; Lucas, 1988; Grossman and Helpman, 1991). 더 나아가 몇몇 학자들은 내생적 경제성장론을 좀 더 발전시켜 지식이 특정한 경우에는 경쟁적이고 배타적인 속성을 지니기도 한다고 주장하였으며 그 예로 특허, 지적재산권, 상표권 등을 제시하였다(Maré, 2004).

그러나 내생적 경제성장론은 지식의 파급효과가 어떻게 발생할 수 있는지를 잘 설명하지 못할 뿐만 아니라 지식의 파급효과가 비용을 수반하지 않으며, 자동적이며, 지리적 제약이 없다고 가정하였다(Zhang, 2008). 이러한 가정은 지식의 파급효과가 비용을 수반하고, 지리적인 제약이 있으며, 자동적으로 발생하지 않는다는 연구 결과들이 등장하면서 이론적 문제점이 발생하게 되었다(Acs et al., 2004).

내생적 경제성장론과 관련하여 또 다른 중요한 이슈 중의 하나는 생산성 향상을 위한 지식의 축적과 관련하여 경제성장모형에서 인적자본과 같은 생산요소의 양만 고려하고 질적인 측면은 고려하지 못했다는 비판을 받았다. 즉 내생적 경제성장론자들은 생산을 위한 노동자의 양적인 측면만을 고려함으로써 생산성 향상을 위해 인적자본론자들이 주장하는 인력의 질적 측면을 간과하였다는 이론적 한계를 지니고 있다.

3) 인적자본론(Human Capital Theories)

인적자본 또한 내생적 경제성장론과 같이 경제성장에서 지식, 경험, 교육, 훈련의 중요성을 강조한다. 구체적으로 인적자본론자들은 생산적 활동과 혁신을 촉진하는 개인의 지식, 역량, 기술로 정의되는 인적자본에 대한 투자가 경제성장과 경쟁력 강화에 매우 중요한 요소임을 강조한다(Coleman, 1988; Becker, 1975).[5] 인적자본에 관한 많은 연구들은 인적자본이 개인이 지니고 있는 지식, 역량, 기술에 배태되어 있을 뿐만 아니라 "개인, 조직, 사회에 대한 경쟁력 강화의 중요한 원천"임을 강조하였다(Dakhli and de Clercq, 2004: 111). 다시 말해 인적자본은 성문화된 지식뿐만 아니라 무언의 암묵적인 지식(codified and tacit knowledge)을 포함하는 개념으로(Foray and Lundvall, 1996; Saxenian, 1994; Lundvall and Johnson, 1994), 높은 수준의 인적자본은 조직 수준에서의 생산성과 경쟁력 강화 및 지속가능한 경제성장에 매우 중요인 요인으로 간주되어 왔다(Black and Lynch, 1996; Barro and Sala-i-Martin, 1992; Lucas 1988). 더 나아가 인적자본은 혁신 과정과 창의적 기업가 활동에 있어서 하나의 자극제(stimulus)로 개념화되어 왔다(Maskell and Malmberg, 1999). 개인이 높은 교육수준과 광범위한 직무 경험, 자신의 지식과 기술을 향상시킬 수 있는 시간과 재원을 좀 더 많이 소유할수록 그들은 더 높은 사회경제적 편익을 추구할 수 있고, 사회적으로는 전반적인 사회복지 향상을 가져올 수 있다고 가정한다. 실제로 이와 관련된 선행 연구들은 지식과 기술을 의미하는 인적자본의 개발

---

5) 이에 대한 좀 더 구체적인 내용은 Pennings et al.(1998), Schultz(1967), Romer (1986), Lucas(1988), Barro and Sala-i-Martin(1992), Zhang(2007) 등을 참조하기 바란다.

이 사회 속에서 이루어지면 지식집약적 활동(knowledge-intensive activity)을 의미하는 혁신을 촉진할 수 있으며, 경쟁력과 창의적 기업가정신 함양에도 기여할 수 있다고 주장한다(Dakhli and de Clercq, 2004; Maskell and Malmberg, 1999).

4) 창의적 기업가정신 이론(Entrepreneurship Theories)

창의적 기업가정신은 신고전적 경제이론이 설명하지 못했던 경제성장의 중요한 부분들을 설명할 수 있다는 전제하에서 솔로우 잔차는 창의적 기업가정신 및 혁신과 관련되어 있다고 가정한다(Baumol, 2002).[6] 창의적 기업가정신 이론의 기본 논리를 살펴보면, 창의적 기업가는 새로운 기업을 창업할 수 있고, 새로운 비즈니스는 점차 새로운 고용을 창출하고 경쟁을 촉진시켜 기술 변화를 유도할 수 있고 이를 통해 생산성 향상에 기여할 수 있다는 것이다(Acs, 2006: 97). 그 결과 창의적 기업가정신 이론을 주장하는 학자들은 높은 수준의 창의적 기업가정신은 높은 수준의 경제성장과 직접적으로 관련을 맺는다고 주장한다. 최근에 창의적 기업가정신이 지역 경제성장의 중요한 요인이라고 주장하는 연구들은 창의적 기업가정신이 지역에서 기술의 파급효과(knowledge spillover)를 촉진하는 메커니즘으로서 작용한다고 강조한다. 이러한 관점에서 볼 때, 창의적 기업가는 새로운 아이디어를 성공적인 혁신으로 전환할 수 있는 사람으로 정의할 수 있다(Schumpeter, 1950). 따라서 창의적 기업가정신 이론은 창의적인 아이디어나 혁신적 활동

6) 이에 대한 좀 더 구체적인 내용은 Grossman and Helpman(1994), Kirzner(1997), Shane(2000), Audretsch and Thurik(2001), Audretsch and Keilbach(2004), Baumol(2004) 등을 참고하기 바란다.

은 시장과 산업에서 "창의적인 파괴(creative destruction)"를 촉진하며, 새로운 상품과 서비스 개발, 지식의 파급효과 등을 통해 궁극적으로 경제성장에 기여할 수 있다고 주장한다.

2. 사회자본과 경제발전의 관계

지금까지 경제발전에 기여할 수 있는 다양한 요인들을 기존의 경제이론들, 특히 신고전적 경제이론, 내생적 경제성장론, 인적자본론, 창의적 기업가정신 이론 등을 중심으로 살펴보았다. 그런데 많은 학자들은 지난 20년 동안 기존에 잘 알려진 생산 요소인 물적자본, 인적자본, 창의적 기업가정신 자본과 더불어 사회자본이라는 또 하나의 개념을 활용하여 경제발전을 설명하고자 많은 노력을 해 왔다. 하지만 그동안 사회자본 개념이 빈번하게 활용되었음에도 불구하고 아직까지 사회자본의 개념적 추상성이 여전히 존재하고, 사회자본 측정에서도 학자들 간에 의견이 일치하지 못하고 있다. 이와 같은 문제점이 존재하는 이유 중의 하나는 사회자본 개념이 매우 복잡하고 다차원적인 속성을 지니고 있기 때문이라고 볼 수 있다(Beugelsdijk and van Schaik, 2005a, 2005b). 지금까지 사회자본에 관한 지배적인 관점은 사회자본이 행위자들 간의 지속적인 네트워크를 구축함으로써 개인이나 집단에 누적된 실질적 또는 가상의 자원의 합(the sum of the resources, actual or virtual to an individual or a group)으로 간주하지만(Bourdieu and Wacquant, 1992: 119), 사회자본의 구성 요소와 측정 지표는 학자들의 관심에 따라 달라질 뿐만 아니라 연구자들이 사회자본의 본질, 사회자본이 형성되는 원인, 사회자본의 효과 중 어디에 초점을 두느냐에 따라서도 달라진다(Adler and Kwon, 2002: 19).

Laursen et al.(2007)은 사회자본과 관련된 몇몇 측정의 문제는 사회자본의 원인과 결과 간의 차이가 매우 불명확하기 때문에 발생하게 되었다고 지적하면서 사회자본의 구조적 측면과 관계적 측면을 구분함으로써 이러한 문제들이 어느 정도 해결될 수 있다고 주장한다. 사회자본의 구조적 측면은 협력과 조정이 가능하도록 해 주며, 기회비용을 감소시킬 수 있는 개인들 간의 비공식적인 사회적 상호작용을 의미한다. 반면 사회자본의 관계적 측면은 그러한 관계 속에 내재된 자산, 예를 들어 신뢰나 신용 등을 의미한다(Laursen et al., 2007: 2).[7] 따라서 Adler and Kwon(2002)은 이러한 측면들을 고려하여 사회자본의 일반적인 개념이 행위자들 간의 관계(bridging)나 집단 속 행위자들 간의 관계 구조(bonding) 또는 양자의 조합들 중에서 어디에 초점을 두는가에 따라 유형화 및 분류될 수 있다고 주장하였다(Adler and Kwon, 2002). 여기에 덧붙여 기존의 사회자본에 관한 이론적 논의들은 사회자본의 핵심 구성 요소로써 신뢰, 사회 네트워크, 시민 의식(규범) 등을 제시하였다.[8]

사회자본론자들은 앞에서 언급한 이와 같은 이론적 논의들을 좀 더 발전시켜 경제 행위자들의 사회자본 수준이 낮으면 불필요한 거래비용, 정보비용, 협상비용, 결정비용 등을 좀 더 많이 부담해야 하며, 협상과 조정비용도 더 많이 소요된다고 주장한다(Maskell, 2000; Landry et al., 2002; Fountain and Atkinson, 1998). 그러한 이유로 사회자본론자들은 사회자본이 경제발전과 성장을 설명하는 다른 요인들과 더불

---

7) Laursen et al.(2007)은 Nahapiet and Ghoshal(1998)과 Lindenberg(1996)의 연구결과에 기초하여 사회자본의 구조적 측면과 관계적 측면을 구분하였다.

8) 이와 관련된 보다 구체적인 논의들은 Bourdieu(1986), Coleman(1988), Bourdieu and Wacquant(1992), Putnam(1993, 1995, 2000), Fukuyama(1995), Becker (1996), Onyx and Bullen(2000), Glaeser and Redlick(2008) 등을 참고하기 바란다.

어 또 하나의 중요한 요인임을 강조하였다(Coleman, 1988; Putnam, 1993; Audretsch et al., 2006). 다시 말해 인적자본론자들과 내생적 경제성장론자들은 지식의 축적을 강조하며, 신고전적 경제이론가들은 물적자본에 대한 투자가 경제성장에 중요한 요인임을 강조하듯이 사회자본론자들은 사회적 관계 요인들(social relational factors)이 경제발전과 성장에 긍정적인 영향을 미친다고 주장한다(Dakhli and de Clercq, 2004). 그리고 사회자본의 긍정적 역할을 강조하는 이론적 주장들은 실제로 여러 국가 내의 몇몇 구체적인 지역들에 초점을 둔 경험적 연구들(예: Beugelsdijk and van Schaik, 2005a)에서 검증이 되기도 했다. 특히 사회자본론자들의 입장에서 볼 때 지역의 비즈니스 활동을 촉진하고 고용을 창출하는 데 지역의 커뮤니티에 기반을 둔 조직이나 기관들의 역할은 지역의 경제성장 과정에서 매우 중요하다(Blakely, 1994). 이러한 관점은 전통적인 신고전적 경제학자들이 그 중요성을 간과하였던 사회자본 개념이 물적자본, 노동, 가격 등 다른 전통적인 요인들과 더불어 경제발전과 성장에 매우 중요한 요인임을 시사하고 있다(Stimson et al., 2006). 본 연구에서는 기존의 이론적 연구들에 기초하여 사회자본을 신뢰, 사회 네트워크, 시민 의식(규범),[9] 등과 같은 하위 핵심 구성 요소를 지니고 있는 개념으로 파악하며, 구체적으로 각 구성 요소들이 경제발전에 어떻게 영향을 줄 수 있는지를 좀 더 구체적으로 살펴보고자 한다.

9) 이와 관련된 보다 구체적인 논의들은 Durlauf and Fafchamps(2004), Durlauf (2002), Moesen et al.(2000), Guiso et al.(2004), Fritsch(2004), Tabellini(2005), Beugelsdijk and van Schaik(2005a), Akcomak and ter Weel(2006) 등을 참고하기 바란다. 여기서 언급한 논의들은 주로 유럽 선진국들에 초점을 두고 있다.

1) 신뢰와 경제발전

신뢰는 사회적 상호작용과 커뮤니케이션에 필수적인 요소이며, 개별 행위자(개인 또는 조직) 간에 형성되어 있는 신뢰 관계는 불필요한 감시 감독과 관련한 제반 모니터링 비용을 감소시켜 생산성과 효율성 향상에 기여할 수 있다. 신뢰는 그 특성상 문화적인 경계와 다차원적인 속성을 지니고 있으며(Rousseau et al., 1998), 사회적 수준에서 일반적 신뢰(generalized trust)와 제도적 신뢰(institutional trust)라는 드 가지 형태로 경제적 성과 향상에 기여하는 요인으로 개념화된다(Dakhli and de Clercq, 2004). 먼저, 일반적 신뢰는 사회 구성원이 일반적으로 다른 사람들을 얼마나 신뢰하는가를 의미하며, 신뢰의 대인관계적 측면을 나타낸다. 따라서 사회 구성원 간에 형성된 신뢰는 불확실성을 감소시키며, 원활한 상호작용과 커뮤니케이션을 가능하게 한다(Sako, 1992; Beugelsdijk and van Schaik, 2005a, 2005b).

다음으로 제도적 신뢰는 사회 구성원이 사회 속에 구축되어 있는 제도나 조직에 대해 얼마나 신뢰하는가를 의미하며, 신뢰의 억제적 측면(deterrence basis)을 반영한다(Dakhli and de Clercq, 2004). 만일 사회제도나 조직이 상호작용과 커뮤니케이션을 원활하게 하고, 사회계약이 파기되지 않도록 보호 기능을 수행하는 데 기여한다면 사회 구성원은 다른 행위자들과 적극적으로 상호작용을 할 것이다. 따라서 신뢰는 호혜성에 기초하고, 사회생활의 불가피한 마찰을 완화하며, 효율성 증대와 거래비용 감소에 기여한다고 볼 수 있다(Putnam, 2000: 135; Fukuyama, 1995). 이러한 측면에서 볼 때, 일반적 신뢰와 제도적 신뢰 모두 정보, 기술, 지식 등과 같은 자원의 공유와 협력을 촉진시키고, 부정행위를 막기 위한 모니터링 비용을 감소한다. 따라서 높은 수준의 신뢰는 직접적으로 높은 수준의 경제발전을 가져 올 수 있으며, 경제발전에 필요한 제반 조건들을 갖추는 데 기여하게 된다.

한편 신뢰는 혁신을 통해 간접적으로 경제발전에 기여할 수 있다. 선행· 연구들은 신뢰가 모니터링과 통제 메커니즘에 소요되는 비용 감소, 통제와 감시를 위한 엄격한 규제로부터의 탈피, 행위자들 간의 상호작용을 통한 혁신적 아이디어 도출 촉진 등을 통해 조직 내 또는 조직 간 혁신을 촉진시킨다고 주장하였다(Quinn, 1979; Dakhli and de Clercq, 2004). 따라서 신뢰는 혁신을 촉진하여 "사회자본이 경제성장에 기여할 수 있도록 해 주는 하나의 중요한 메커니즘"으로 작용할 수 있다(Akçomak and ter Weel, 2006: 3).

2) 사회 네트워크와 경제발전

사회 네트워크는 사회생활 속에서 다양한 조직의 구성원이 되거나 자발적인 조직 또는 결사체에 참여함으로써 형성되는 것이다. 따라서 사회 네트워크 활동은 사회의 다양한 조직 및 결사체의 멤버십을 갖거나 참여하는 것을 의미한다(Putnam 1993, Knack and Keefer, 1997; Dakhli and de Clercq, 2004). 특히 폐쇄적인 사회 네트워크와 응집력이 강한 연대감은 구성원 간의 신뢰, 협력, 상호작용을 촉진한다(Coleman, 1988, 1990).

신뢰, 공유된 가치, 상호 지원, 강한 결속력에 기초한 사회적 관계가 형성되어 있는 지역은 사회 구성원이 사회적 조직 및 결사체 활동에 좀 더 많이 참여하는 경향이 있으며, 그로 인해 좀 더 높은 수준의 사회자본이 형성된다(Putnam, 1993). 높은 수준의 신뢰와 사회 네트워크는 사회 네트워크의 밀도(density)에 의해 영향을 받기도 하고 영향을 주기도 한다. 멤버십 획득과 참여를 통한 협력적 네트워크 속에서 구성원 간의 상호작용의 밀도는 창의적 기업가정신과 혁신을 촉진할 수 있는 기술, 아이디어, 기회에의 접근가능성을 높이며, 그러한 과정을 통해 구성원 간의 밀도 높은 상호작용은 경제적 성과를 향상시키는 데 기여하게 된다(Fountain and Atkinson, 1998).

그러나 밀도 높은 사회 네트워크가 주는 이점은 행위자들이 조직이나 결사체에 적극적으로 참여하지 않고 단순히 많은 조직이나 사회적 결사체의 멤버십을 획득하는 것과 같은 소극적 네트워크 활동을 통해서는 추구할 수 없다(Beugelsdijk and van Schaik, 2005a, 2005b). 따라서 사회 네트워크 활동의 이점을 제대로 살리기 위해서는 참여의 수준을 높여야 한다. 정리하면, 다양한 조직이나 사회적 결사체의 멤버십 획득을 통한 사회 네트워크 활동은 조직 구성원과 조직 구성원들과의 상호작용을 가능하게 해 줄 뿐만 아니라 서로 다른 배경과 정보, 지식 등을 지니고 있는 다양한 구성원들과의 접촉을 촉진한다. 그렇기 때문에 사회 구성원들의 네트워크 활동은 지식과 정보의 교환, 혁신, 사회자본의 형성 등을 촉진시키며, 결과적으로 경제발전에 기여한다.

3) 시민 의식(규범)과 경제발전

시민 의식(규범)은 일반적으로 사회 구성원이 개인의 사익보다는 공익 추구를 위해 협력하고 노력하는 경향을 의미한다(Knack and Keeper, 1997; Dakhli and de Clercq, 2004). 시민 의식(규범)은 서로 다른 배경과 특수성을 지닌 조직 구성원의 협력과 아이디어 교환에 긍정적인 영향을 미친다(Argyle, 1991; Knack and Keefer, 1997; Dakhli and de Clercq,

2004). 따라서 시민 의식(규범)의 수준이 높으면 높을수록 유용한 정보와 지식을 공유하는 경향이 더 높고, 그러한 공유 과정을 통해 혁신과 경제발전을 촉진한다. 다시 말해, 시민 의식(규범)은 경제발전에 간접적으로 영향을 줄 수 있다.

시민 의식(규범)과 경제발전의 관계를 논의할 때 부패라는 개념 또한 고려할 필요성이 있다. 부패는 신뢰와 혁신 수준을 감소할 수 있다고 가정하는데, 이러한 이론적 가정은 실증적인 연구에서도 검증된 바가 있다. 예를 들어, 신생 기업가들이 경쟁적인 시장에서 단기간에 혁신을 이루기가 어렵다는 것을 파악하고 공무원들에게 뇌물을 제공함으로써 기업 활동을 하는 것이 더 편리하고 이익이 된다고 생각하여 실제로 관련 공무원들에게 뇌물을 제공하고, 담당 공무원들도 뇌물을 제공한 기업가에게 유리한 결정을 하게 되면 결국 혁신에 필요한 이용 가능한 재원의 양은 점점 더 줄어들게 되어 사회적으로 혁신의 수준은 줄어들게 될 것이다(Veracierto, 2008: 29). 따라서 선행 연구들은 혁신에 이용 가능한 재원의 양은 잠재적 혁신가들이 지불해야 하는 뇌물과 역의 관계에 있다고 주장한다. 그래서 개념적으로 사회규범의 위반을 의미하는 부패는 혁신과 더 나아가 경제발전에 부정적인 영향을 준다고 볼 수 있다.

다음에서는 사회자본과 경제발전의 관계를 실증적으로 분석하기 위한 분석 방법과 분석 자료에 대해서 구체적으로 살펴보고자 한다.

제3절 분석 방법과 분석 자료

1. 분석 방법

1) 사회자본 수준 측정

사회자본 측정 지표와 관련된 선행 연구 부분에서 논의한 바와 같이 사회자본은 본질적으로 추상적 개념이기 때문에 그 개념적 정의가 매우 다양하며, 실증분석을 위한 측정도구도 불충분하다(Paxton, 1999; Stone, 2001). 그럼에도 불구하고 비교적 최근 들어 몇몇 연구들(예: Beugelsdijk and van Schaik, 2005; Doh and Acs, 2010)은 세계가치조사와 같은 국가 데이터를 활용하여 사회자본을 신뢰, 네트워크 활동, 시민의식(규범) 측면들을 통합적으로 고려한 보다 다차원적인 접근을 시도하였다. 본 연구에서도 세계가치조사 데이터를 활용하여 사회자본의 수준을 측정하고자 하기 때문에 세계가치조사 데이터를 활용해 사회자본 수준을 국가수준에서 측정한 선행 연구들을 이미 제2장에서 정리하였다.[10] 본 연구에서는 이미 언급한 바와 같이 사회자본과 경제발전의 관계를 국가수준에서 분석하기 때문에 사회자본 측정과 관련된 선행 연구들이 가지고 있는 한계점들을 고려하여 사회자본의 다차원적 속성들에 대한 통합적 접근을 활용하여 〈표 3-2〉와 같이 사회자본을

---

10) 물론 세계가치조사를 활용하여 국가수준에서 사회자본을 측정한 연구들을 모두 열거할 수는 없으나 본 연구의 제2장에 제시된 선행 연구들은 경험적, 실증적 연구들에게 비교적 많이 인용되는 연구들이기 때문에 이에 대한 보다 구체적인 내용은 본 연구의 제2장에 제시된 이들 선행 연구들의 특징 및 장단점을 참고하기 바란다.

〈표 3-2〉 국가수준의 사회자본 측정*

<table>
<tr><th>사회자본지수</th><th colspan="2">하위 구성 요소</th><th>변수 설명</th></tr>
<tr><td rowspan="6">• U-Unweighted SCI (SCI1)
=(UT+UM+CN)/3
• U-Weighted SCI (SCI2)
=0.3UT+0.4UM+0.3CN
• W-Unweighted SCI (SCI3)
=(WT+WM+CN)/3
• W-Weighted SCI (SCI4)
=0.3WT+0.4WM+0.3CN</td><td rowspan="2">신뢰
• 가중치 없는 신뢰(UT)
=0.5GT+0.5IT
• 가중치 부여된 신뢰(WT)
=0.3GT+0.7IT</td><td>일반적 신뢰 (GT)</td><td>• 일반적으로 다른 사람들을 신뢰한다고 응답한 사람들의 비율
• 각 점수는 100점 만점으로 환산됨</td></tr>
<tr><td>제도적 신뢰 (IT)</td><td>• 제도에 대한 신뢰를 측정한 6개 항목의 평균점수
• 각 점수는 100점 만점으로 환산됨</td></tr>
<tr><td rowspan="2">사회 네트워크 활동
• 가중치 없는 사회 네트워크 활동(UM)
=0.5PM+0.5AM
• 가중치 부여된 사회 네트워크 활동(WM)
=0.3PM+0.7AM</td><td>수동적 네트워크 활동(PM)</td><td>• 8개 조직(단체) 중에서 적극적으로 참여하는 조직(단체)에 가입한 수
• 각 점수는 100점 만점으로 환산됨</td></tr>
<tr><td>적극적 네트워크 활동 (AM)</td><td>• 8개 조직(단체) 중에서 소극적으로 참여하는 조직(단체)에 가입한 수
• 각 점수는 100점 만점으로 환산됨</td></tr>
<tr><td rowspan="2">시민 의식 · 규범 (CN)
=0.5NC+0.5C</td><td>시민 의식 (규범)(NC)</td><td>• 시민의식 수준의 정도를 측정한 4개 항목의 평균점수
• 각 점수는 100점 만점으로 환산됨</td></tr>
<tr><td>부패(C)</td><td>• Transparency International(2005)의 부패인식지수(CPI)
• 각 점수는 100점 만점으로 환산됨</td></tr>
</table>

* 본 연구에 활용된 데이터는 World Values Survey Association에서 수행한 World Values Surveys(2000, 2005)의 원자료이며, 사회자본 측정을 위한 방법의 일부는 Doh and Acs(2010)의 연구를 참고하였음. 아울러 부패인식지수는 Transparency International(2005)의 자료를 활용하였음. 아울러 일반적 신뢰를 제외한 사회자본을 구성하는 각각의 하위구성요소를 측정하기 위해 활용된 설문문항에 대한 구체적인 정보는 본 연구의 〈부록〉에 제시되어 있으니 이를 참고하기 바람.

측정하고자 한다.

〈표 3-2〉에 따르면, 사회자본지수 산출을 위해 본 연구에서는 다양한 가중치기법을 활용하였음을 알 수 있다. 전문가들을 대상으로 한 델파이기법을 활용하여 사회자본의 핵심 구성 요소의 하위 요소들에 대한 가중치를 부여하였으며, 이들 요소들을 종합적으로 고려한 사회자본지수에 대해서는 한 가지 가중치 부여보다는 다양한 가중치를 부여함으로써 총 네 가지의 사회자본지수를 산출하였다. 아울러 사회자본을 구성하는 각각의 하위 구성 요소를 측정하기 위해 활용한 설문 문항들은 선행 연구들에서 활용된 문항들 중에서 비교적 분석에

포함된 분석 대상 국가들에게 공통적으로 적용할 수 있는 문항들만을 고려하였다. 구체적인 문항들에 대한 정보와 각 측정지표 값이 어떤 문항으로부터 어떻게 계산되는지는 본 연구의 〈부록〉에 제시되어 있다. 〈표 3-2〉는 각 측정지표 값으로부터 각각의 하위 구성 요소의 값은 어떻게 계산되는지에 대해 개괄적으로 설명하였다.

2) 분석모형

본 연구에서는 사회자본과 경제발전의 관계를 국가 수준에서 규명한다. 그런데 경제발전은 이론적 측면에서 살펴볼 때, 사회자본론자들이 주장하는 사회자본 뿐만 아니라 기존의 신고전적 경제이론, 내생적 경제성장론, 인적자본론, 창의적 기업가정신이론 등이 주장하는 바와 같이 물적자본, 노동, 인적자본, 지식자본, 창의적 기업가정신자본 등에 의해서도 영향을 받을 수 있다. 따라서 본 연구에서는 사회자본뿐만 아니라 다양한 분석모형을 통해 물적자본, 노동, 인적자본, 지식자본, 창의적 기업가정신 자본 등과 같은 요인들이 경제발전에 미치는 영향을 통제한 상태에서 사회자본과 경제발전의 관계를 분석한다. 구체적으로 사회자본을 포함하여 경제발전에 영향을 미칠 수 있는 요인들과 경제발전 간의 관계를 규명하기 위해 본 연구에서는 회귀분석기법(regression analysis)을 활용한다. 이때 독립변수인 사회자본 변수의 계수값은 분석모형에 포함된 다른 변수들이 통제된 상태에서 사회자본이 경제발전에 미치는 영향을 보여준다. 물론 이 변수들 간의 다양한 상호작용이 경제발전에 미칠 수 있는 영향을 통제하기 위해 각 변수들 간의 상호작용 변수도 분석모형에 포함시킨다. 구체적으로 본 연구에서 활용하는 다양한 회귀분석모형에 대해 살펴보면 다음의 수식과 같은데, 이러한 모형은 Audretsch and Keilbach(2005)가 개발한 분석모형에 본 연구자가 사회자본 변수와 상호작용 변수를 추가하여 새롭게 개발한 분석모형이다.

$$Y_i = \alpha + \beta_1 K_i + \beta_2 R_i + \beta_3 E_i + \beta_4 H_i + \varepsilon_i \quad \text{식(1)}$$

$$Y_i = \alpha' + \beta_1' K_i + \beta_2' R_i + \beta_3' E_i + \beta_4' H_i + \beta_5' S_i + \varepsilon_i' \quad \text{식(2)}$$

$$Y_i = \alpha'' + \beta_1'' K_i + \beta_2'' R_i + \beta_3'' E_i + \beta_4'' H_i + \beta_5'' S_i + \beta_6'' (E^* H)_i + \varepsilon_i'' \quad \text{식(3)}$$

$$Y_i = \alpha''' + \beta_1''' K_i + \beta_2''' R_i + \beta_3''' E_i + \beta_4''' H_i + \beta_5''' S_i + \beta_6''' (E^* S)_i + \varepsilon_i''' \quad \text{식(4)}$$

$$Y_i = \alpha'''' + \beta_1'''' K_i + \beta_2'''' R_i + \beta_3'''' E_i + \beta_4'''' H_i + \beta_5'''' S_i + \beta_6'''' (E^* H)_i + \beta_7'''' (E^* S)_i + \varepsilon_i'''' \quad \text{식(5)}$$

각각의 회귀모형을 나타내는 방정식에서 β는 각 변수의 회귀계수값을 의미하며, α는 상수항, *K*는 물적자본, *R*은 지식자본(지적자본), *E*는 기업가정신 자본, *H*는 인적자본, *S*는 사회자본을 각각 의미한다. 아울러 앞에서 논의한 각 변수들 간의 상호작용과 관련하여, *E*H*는 기업가정신 자본과 인적자본 간의 상호작용변수, *E*S*는 기업가정신 자본과 사회자본 간의 상호작용변수를 각각 나타낸다. 마지막으로 i는 특정 국가를 의미하며, ε는 오차항을 의미한다.

2. 분석 자료와 변수들

본 연구에서는 지식정보사회에서 사회자본과 경제발전의 관계를 실증적으로 분석한다. 이를 위해 본 연구에서는 선행 연구들[11]이 국가

수준에서의 사회자본 수준 측정에 주로 활용해 왔던 세계가치조사(WVS) 데이터를 활용하여 각국의 사회자본 수준을 측정한다. 특히 본 연구에서는 1999~2001년도에 실시된 제4차 세계가치조사[12]와 2005~2007년에 실시된 제5차 세계가치조사의 원자료를 사용하여 각국의 사회자본 수준을 측정한다. 세계가치조사는 World Values Survey Association[13]에서 주관하고, 미국 미시간 대학의 The Institute for Social Research에 의해 수행되는 국가 간 프로젝트이다. 지금까지 1981~1984년, 1990~1993년, 1996~1997년, 1999~2001년, 2005~2007년에 걸쳐 총 다섯 차례의 조사가 있었으며, 2010~2014년의 제6차 조사가 거의 완료 시점에 있다. 제6차 세계가치조사 내용에는 전 세계 65개국 이상의 거주민들의 인구통계학적, 정치적, 경제적, 사회적, 문화적, 종교적 특징들 및 각국의 생활양식에 관한 횡단면적 정보들을 대개 5년 단위로 제공하고 있다. 조사 시기에 따라 조사대상국이 가변적이긴 하지만 세계가치조사에서 조사 대상이 된 국가들은 전 세계 인구의 약 80%를 차지하고 있을 정도로 조사가 광범위하게 이루어지고 있다.

본 연구의 분석에서 사회자본의 수준을 측정하는 데 활용하고자 하는 제4차, 제5차 세계가치조사는 비교적 최근에 이루어진 조사들로써 1999~2001년과 2005~2007년에 각각 이루어졌다. 조사는 각국의 언어로 방문조사를 통한 일대일 면접으로 이루어졌으며, 표본추

---

11) Knack and Keefer(1997), Whiteley(2000), Bjørnskov and Svendsen(2003), Dakhli and de Clercq(2004), Beugelsdijk and van Schaik(2005a, 2005b) 등의 연구들이 여기에 포함된다.

12) 제4차 세계가치조사(WVS)는 유럽가치조사(European Value Study)와 연동되어 실시되었다.

13) World Values Survey Association과 World Values Survey에 대한 보다 구체적인 정보는 공식 웹사이트인 http://www.worldvaluessurvey.org 참고하기 바란다.

출은 18세 이상 성인들을 대상으로 이루어졌다. 표본의 수는 국가마다 차이는 있으나 대개 600명에서 3,000명 사이에 해당한다. 세계가치조사는 본 연구에서 측정하고자 하는 사회자본을 구성하는 하위 구성 요소에 해당하는 신뢰, 네트워크 활동, 시민의식(규범) 등을 측정하는 데 필요한 설문 문항과 정보들을 제공하고 있다. 다만 각국의 조사 시점의 차이가 1~2년 정도 존재하여, 이로 인한 측정오차의 발생 가능성이 존재하는 한계가 있다. 그렇지만 기본적으로 조사대상국 모두 제4차, 제5차 세계가치조사의 대상국들이며, 각국 국민들의 가치가 1~2년 사이에 급속하게 변화하지는 않는다는 점을 고려해 볼 때 본 연구의 분석에 활용하는 데에는 큰 무리가 없을 것으로 생각된다. 아울러 본 연구에서는 사회자본을 구성하는 하위 구성 요소 중의 하나인 시민 의식(규범) 측정을 위해 Transparency International(2005)의 부패지수를 제4차, 제5차 세계가치조사 데이터와 함께 활용한다. 그리고 난 뒤에는 제5차 세계가치조사 여부라는 더미변수(dummy variable)를 활용하여 제4차 데이터와 제5차 데이터를 구분한다.

다음으로 본 연구에서는 국가수준에서의 경제발전, 물적자본, 지식자본, 창의적 기업가정신 자본, 인적자본 수준 등을 측정하기 위해 주로 United Nations Development Programme(UNDP), International Labour Organization(ILO), United Nations Educational, Scientific, and Cultural Organization(UNESCO), 세계은행(World Bank), Acs and Szerb(2009)의 정보들을 활용하였다. 먼저 각국의 경제발전 수준은 2005년의 1인당 GDP(PPP US$) 수준으로 측정하였다.

둘째, 물적자본은 2005년 각국의 일하는 근로자 1인당 총고정자본(Gross Fixed Capital Formation)의 자연로그값을 사용하였으며, 분석 자료는 International Labour Organization(ILO)과 United Nations

Educational, Scientific, and Cultural Organization(UNESCO)의 데이터를 활용하였다.

셋째, 각국의 지식자본(지적자본) 수준은 각국의 GDP 대비 R&D지출 비율을 활용하여 측정하였으며,[14] 2005년도 자료에 대한 접근이 어려워 2000~2005년 기간 동안 비교적 최근의 자료를 활용하여 측정하였다.

넷째, 각국의 기업가정신 자본 수준은 Acs and Szerb(2009)[15]가 제시한 Global Entrepreneurship Index(GEI)를 활용하여 측정하였다. GEI는 경제발전의 각 단계에 따른 창의적 기업가정신의 맥락적 측면들을 잘 반영하고 있으며, 본 연구의 분석에 활용된 국가들의 GEI 데이터도 획득가능하기 때문에 본 연구의 분석에 적합하다고 볼 수 있다.

마지막으로 각국의 인적자본 수준은 UNDP가 매년 발간하는 인간개발지수(Human Development Indicators, HDI)에 포함되어 있는 각국의 교육수준(educational attainment) 점수를 활용하여 측정하였다. 〈표 3-3〉에서는 구체적으로 본 연구의 분석에 활용되는 변수들 및 그 정의, 그리고 자료출처에 대해서 비교적 간단히 기술하였다.

---

14) 몇몇 연구들(예: Griliches, 1979; Jaffe, 1989; Audretsch and Keilbach, 2004, 2005)은 R&D 종사자수를 활용하여 각국의 지식자본(knowledge capital) 수준을 측정하기도 하였으나 국가수준에서 본 연구의 분석에 포함된 모든 국가들의 R&D 종사자수에 대한 정보를 구할 수 없었기 때문에 본 연구에서는 GDP 대비 R&D 지출 비율을 활용하여 각국의 지식자본 수준을 측정하였다.

15) 몇몇 연구들(예: Audretsch and Keilbach, 2004, 2005)은 창업자수를 활용하여 각국의 창의적 기업가정신 자본 수준을 측정하기도 하였으며, 또 다른 연구들은 Kauffman 지수나 Global Entrepreneurship Monitor(GEM) 등과 같이 잘 알려진 지수들을 활용하여 기업가정신 자본 수준을 측정하기도 하였다. 그러나 이러한 지수들은 적용 범위가 제한되어 있을 뿐만 아니라 본 연구의 분석에 활용된 모든 국가들의 기업가정신 자본 지수를 제공하고 있지 않아 활용에 있어서 상당히 제약이 많다.

〈표 3-3〉 변수 정의와 자료 출처

변수		변수 설명		자료 출처
종속변수	경제발전	1인당 GDP	2005년 1인당 GDP(PPP US$)	UNDP(2008)
독립변수	물적자본	2005년 노동자1인당 총고정자본 (Gross Fixed Capital Formation: constant 2000 US$)의 자연로그값		World Bank(2005)
	지식자본	GDP 대비 R&D지출 비율; 자료는 각국의 2000~2005년 기간 동안 가장 최근의 자료를 활용하였음		UNESCO(2008), UNDP(2008)
	기업가정신자본	Global Entrepreneurship Index		Acs and Szerb(2009)
	인적자본	2005년 교육수준 (Educational Attainment)		UNDP(2008)
	사회자본	U-Unweighted SCI (SCI1) U-Weighted SCI (SCI2) W-Unweighted SCI (SCI3) W-Weighted SCI (SCI4)		WVS(2000, 2005), Transparency International(2005)
통제변수	제5차 자료	1=제5차 사회가치조사(WVS) 자료 0=기타		WVS(2000, 2005)

제4절 사회자본과 경제발전의 관계 분석

1. 기술통계분석

사회자본을 구성하는 하위 구성 요소들을 측정하기 위해 본 연구에서는 먼저 요인 분석을 활용하여 각 문항들이 하위 구성 요소들을 잘 반영하고 있는지를 조사하였다. 조사 결과 본 연구에서 활용한 각 문항들은 각각의 하위 구성 요소들을 잘 반영하고 있음을 알 수 있었다. 따라서 본 연구에서는 그렇게 측정된 각각의 하위 구성 요소들의

〈표 3-4〉 기술통계량

변수		사례 수	평균	표준편차	최소값	최대값
경제발전(ED)		81	15562.60	13022.43	744.00	60228.00
물적자본(K)		71	7.81	1.52	4.48	10.16
지식자본(R)		81	1.01	0.93	0.03	3.89
기업가정신자본(E)		55	0.41	0.15	0.15	0.75
인적자본(H)		83	0.85	0.16	0.26	0.99
사회자본	SCI 1	71	38.31	6.74	26.71	57.30
	SCI 2	71	34.91	6.23	24.12	52.74
	SCI 3	71	38.03	7.26	26.68	56.28
	SCI 4	71	34.61	6.64	24.07	51.53
제5차 자료		86	0.57	0.50	0.00	1.00

요인 점수가 아닌 원래 값을 분석에 활용하고자 한다.

회귀분석 모형을 적용하여 사회자본과 경제발전의 관계를 분석하기 전에 먼저 본 연구에서 활용된 국가수준에서의 각 변수들의 기술통계량을 살펴보기로 하자. 이는 〈표 3-4〉에 제시되어 있다.

〈표 3-4〉에 따르면, 각국의 1인당 GDP 평균은 약 15,562달러이며, 사회자본 수준의 평균은 가중치를 서로 다르게 부여한 네 가지 유형의 사회자본지수들 모두 약 34~39점 사이에 분포하고 있음을 알 수 있다. 그렇다면 이들 각 변수들 간의 상관관계는 어떠한지 〈표 3-5〉에 제시된 상관관계표를 활용하여 살펴보자.

〈표 3-5〉에 제시된 상관관계분석 결과를 살펴보면 흥미로운 사실들이 발견된다. 먼저 물적자본, 지식자본, 기업가정신자본 모두 경제발전과 높은 정(+)의 상관관계가 있음을 알 수 있다. 특히, 기업가정신자본은 인적자본 및 사회자본과 높은 상관관계를 지니고 있어 경제발전과의 관계를 제대로 이해하기 위해서는 이들 변수들 간의 특성을

〈표 3-5〉 상관관계표

변수	ED	K	R	E	H	SCI 1	SCI 2	SCI 3	SCI 4
경제발전 (ED)	1								
물적자본 (K)	0.872***	1							
지식자본 (R)	0.765***	0.673***	1						
기업가정신 자본 (E)	0.816***	0.762***	0.668***	1					
인적자본 (H)	0.623***	0.700***	0.463***	0.641***	1				
사회자본1 (SCI 1)[1]	0.723***	0.577***	0.703***	0.842***	0.315***	1			
사회자본2 (SCI 2)[2]	0.700***	0.551***	0.676***	0.837***	0.290**	0.997***	1		
사회자본3 (SCI 3)[3]	0.763***	0.621***	0.712***	0.856***	0.327***	0.986***	0.981***	1	
사회자본4 (SCI 4)[4]	0.743***	0.597***	0.689***	0.851***	0.305**	0.986***	0.986***	0.998***	1

* p≤0.1, ** p≤0.05, *** p≤0.01, two-tailed tests.
주1) 사회자본 1 is Unweighted Social Capital Index(SCI 1).
2) 사회자본 2 is U-Weighted Social Capital Index(SCI 2).
3) 사회자본 3 is W-Unweighted Social Capital Index(SCI 3).
4) 사회자본 4 is W-Weighted Social Capital Index(SCI 4).

심도 있게 분석할 필요성이 있다. 아울러 〈표 3-5〉에 제시된 결과를 통해 우리는 인적자본과 사회자본 모두 경제발전과 정(+)의 상관관계를 지니고 있음을 알 수 있다. 다음에서는 사회자본과 경제발전의 관계를 회귀분석을 통해 살펴보자.

2. 회귀분석 결과

본 연구는 사회자본과 경제발전의 관계를 분석하기 위해 앞에서 언급한 다섯 가지의 회귀방정식을 활용하는데, 먼저 본 연구에서는 경

〈표 3-6〉 회귀분석 결과

변수	모형 1	모형 2	모형 3	모형 4	모형 5	모형 6	모형 7	모형 8	모형 9	모형 10
물적자본(K)	0.566***	0.494***	0.569***	0.572***	0.555***	0.558***	0.452***	0.543***	0.428***	0.430***
지식자본(R)	0.202**	0.199**	0.141	0.142	0.136	0.136	0.121	0.119	0.111	0.110
기업가정신자본(E)	0.251***	0.222**	0.054	0.055	0.029	0.028	-0.022	-0.026	-0.063	-0.067
인적자본(H)		0.136*					0.214**	0.218**	0.227***	0.230***
사회자본1 (SCI 1)[1]			0.260*				0.313**			
사회자본2 (SCI 2)[2]				0.258*				0.317**		
사회자본3 (SCI 3)[3]					0.301**				0.373***	
사회자본4 (SCI 4)[4]						0.301**				0.377***
제5차 WVS 여부			-0.024	-0.014	-0.030	-0.021	0.004	0.017	-0.002	0.010
Adjusted R^2	0.855	0.861	0.859	0.860	0.863	0.863	0.879	0.880	0.885	0.886
F-value	91.37***	72.39***	52.375***	52.389***	53.896***	54.012***	51.91***	52.28***	55.09***	55.52***
사례 수	47	47	47	47	47	47	47	47	47	47

* $p \leq 0.1$, ** $p \leq 0.05$, *** $p \leq 0.01$, two-tailed tests.
주1) 사회자본 1 is Unweighted Social Capital Index(SCI 1).
2) 사회자본 2 is U-Weighted Social Capital Index(SCI 2).
3) 사회자본 3 is W-Unweighted Social Capital Index(SCI 3).
4) 사회자본 4 is W-Weighted Social Capital Index(SCI 4).
Note: 계수값은 표준화회귀계수값임.

제발전을 종속변수, 사회자본지수를 독립변수, 물적자본, 지식자본, 기업가정신자본, 인적자본을 통제변수로 하여 회귀분석을 실시하였으며, 그 결과는 〈표 3-6〉에 제시되어 있다.

먼저 〈표 3-6〉에 제시된 모형 1의 회귀분석 결과에 따르면, 물적자본의 회귀계수값이 통계적으로 유의하며 경제발전에 정(+)의 효과를 미치는 것으로 나타났는데, 이러한 결과는 신고전적 경제이론이 주장하는 내용을 뒷받침한다. 지식자본의 회귀계수값도 통계적으로 유의한 정(+)의 값을 지니는 것으로 나타나 내생적 경제성장론자들이 주장하는 경제발전에 있어서의 지식자본의 중요성을 잘 보여 준다. 마찬가지로 기업가정신 자본의 회귀계수값도 통계적으로 유의한 정(+)의 값을 지니는 것으로 나타나 창의적 기업가정신이론가들이 주장하는 내용을 실증적으로 잘 뒷받침한다. 따라서 〈표 3-6〉에 제시된 모형 1의 결과는 국가수준에서의 경제발전이 물적자본, 지식자본, 기업가정신자본과 관련성이 있음을 잘 보여 준다.

다음으로 〈표 3-6〉에 제시된 모형 2의 회귀분석 결과에 따르면, 인적자본의 회귀계수값이 90% 신뢰수준에서 통계적으로 유의한 정(+)의 값을 지니는 것으로 나타나 인적자본론자들이 주장하는 내용, 즉 국가 경제발전에 있어서 인적자본의 중요성을 실증적으로 보여 준다.

〈표 3-6〉의 모형 3, 4, 5, 6의 회귀분석 결과들은 사회자본과 경제발전의 관계를 보여 준다. 본 연구에서는 사회자본의 하위 구성 요소들에 대해 서로 다른 가중치를 부여한 뒤 네 가지 유형의 사회자본지수를 산출하여 분석에 활용하였는데, 네 가지 유형의 사회자본지수 모두 90% 신뢰수준에서 경제발전과 통계적으로 유의미한 정(+)의 관계인 것으로 나타났다. 이러한 결과들은 국가별 사회자본 수준이 높을수록 경제발전 수준이 높은 경향이 있음을 의미한다. 그러나 모형 3, 4, 5, 6의 회귀분석 결과들을 살펴보면 지식자본과 기업가정신자본의 회귀계수값들은 통계적으로 유의미하지 않은 것으로 나타났다.

〈표 3-6〉의 모형 7, 8, 9, 10은 네 가지 유형의 사회자본지수뿐만 아니라 물적자본, 지식자본, 기업가정신자본, 인적자본을 회귀분석에 포함한 모형들인데, 분석 결과들을 살펴보면 인적자본과 각 유형의 사회자본지수들의 회귀계수값들이 95% 신뢰수준에서 경제발전과 통계적으로 유의미한 정(+)의 관계를 지니는 것으로 나타났다. 그렇지만 지식자본과 기업가정신자본은 경제발전과 통계적으로 유의미한 관련성이 없는 것으로 나타났다. 본 연구에서 도출된 이와 같은 분석

결과는 물적자본, 지식자본, 기업가정신자본, 인적자본들과 경제적 성과 간의 관련성을 주장하는 선행 연구들의 분석 결과와 다름을 보여준다. 따라서 본 연구에서는 기업가정신자본과 인적자본 간의 상관관계, 기업가정신자본과 사회자본 간의 상관관계 등이 매우 높다는 점을 고려하여 이들 변수들 간의 상호작용을 고려한 변수들을 〈표 3-6〉에서 활용된 분석모형들에 포함하여 추가적인 분석을 실시하였으며, 그 결과는 〈표 3-7〉에 제시되어 있다.

〈표 3-7〉에 제시된 분석 결과에 따르면, 기업가정신자본과 인적자본 간의 상호작용변수는 모형 6, 7, 8, 9에 의한 분석 결과 모두 95% 신뢰수준에서 경제발전과 통계적으로 유의미한 정(+)의 관계를 지니는 것으로 나타났다. 이러한 결과는 기업가정신자본과 인적자본 간의 상호작용 효과가 클수록 경제발전 수준이 더 높음을 의미한다.

사회자본지수의 경우에는 모형 6, 7, 8, 9에서 모두 경제발전과 95% 신뢰수준에서 통계적으로 유의미한 정(+)의 관계를 지니고 있는 것으로 나타났다. 이는 기업가정신자본과 인적자본 간의 상호작용 효과, 기업가정신과 사회자본 간의 상호작용 효과가 분석모형에서 통제될 경우, 사회자본 수준이 높을수록 경제발전 수준도 높음을 의미한다. 그러나 모형 6, 7, 8, 9에 따른 회귀분석 결과에 따르면, 기업가정신자본과 사회자본 간의 상호작용 변수는 90% 신뢰수준에서 경제발전과 통계적으로 유의미한 부(-)의 관계를 지니는 것으로 나타났다. 이러한 분석 결과는 사회자본과 기업가정신자본 간의 상호작용 효과가 증가할수록 경제발전 수준은 감소한다는 것을 나타낸다. 본 연구에서는 구체적으로 왜 이와 같은 결과가 도출되었는지 명확히 설명할 수는 없지만 아마도 사회자본의 다차원적인 속성에 기인했을 가능성이 매우 높다고 추측해 볼 수 있다.

〈표 3-7〉 회귀분석 결과: 변수들 간의 상호작용을 고려

변수	모형 1	모형 2	모형 3	모형 4	모형 5	모형 6	모형 7	모형 8	모형 9
물적자본(K)	0.520***	0.472***	0.472***	0.452***	0.543***	0.426***	0.428***	0.399***	0.402***
지식자본(R)	0.177**	0.141	0.140	0.123	0.122	0.136	0.131	0.119	0.117
기업가정신 자본(E)	-1.055	-1.918	-1.877	-1.919*	-1.878	-2.715**	-2.661**	-2.749**	-2.705**
인적자본(H)	-0.059	-0.084	-0.074	-0.064	-0.055	-0.320	-0.309	-0.297	-0.288
사회자본1 (SCI 1)[1]		0.231*				0.674**			
사회자본2 (SCI 2)[2]			0.234*				0.693**		
사회자본3 (SCI 3)[3]				0.303**				0.736***	
사회자본4 (SCI 4)[4]					0.306**				0.743***
E*H	1.404	2.138	2.088	2.087	2.038	3.923**	3.859**	3.878**	3.822**
E*SCI 1						-1.202*			
E*SCI 2							-1.214*		
E*SCI 3								-1.166*	
E*SCI 4									-1.167*
제5차 WVS 여부		-0.010	-0.001	-0.013	-0.003	-0.028	-0.017	-0.026	-0.015
Adjusted R^2	0.862	0.884	0.884	0.891	0.891	0.892	0.893	0.898	0.899
F-value	58.63***	46.79***	46.92***	49.85***	50.04***	44.43***	44.95***	47.15***	47.58***
사례수	47	47	47	47	47	47	47	47	47

주1) 사회자본 1 is Unweighted Social Capital Index(SCI 1).
2) 사회자본 2 is U-Weighted Social Capital Index(SCI 2).
3) 사회자본 3 is W-Unweighted Social Capital Index(SCI 3).
4) 사회자본 4 is W-Weighted Social Capital Index(SCI 4).
Note: 계수값은 표준화회귀계수값임.

아직까지 사회자본이 경제적 성과에 미치는 영향은 많은 논쟁을 불러일으키고 있다. Audretsch and Keilbach(2005)는 이와 관련하여 사회자본은 현 상태(status quo)의 유지를 촉진시킬 수 있으며, 변화와 창의적 기업가정신 발휘를 제약할 수 있다고 주장한다.

한편 본 연구에서 사회자본과 기업가정신자본 간의 상호작용이 경

제발전에 부정적인 영향을 미치는 것으로 나타나게 된 또 다른 이유로 제시될 수 있는 가능성은 기업가정신이 경제적 성과에 부정적인 영향을 미칠 수도 있다는 점이다. 실리콘밸리(Silicon Valley)의 창의적 기업가정신에 관한 연구 결과에 기초하여 Ferguson(1988)은 분열과 불안정, 창의적 기업가정신주의는 행복을 의미하는 신호가 아니라 미국의 산업을 고통스럽게 하는 보다 더 큰 구조적 문제를 의미하는 양상이라고 주장하였다.[16]

요약하자면, 본 연구에서는 기업가정신자본과 인적자본 간의 상호작용 효과와 기업가정신자본과 사회자본의 상호작용 효과를 통제한 뒤 국가수준에서 사회자본과 경제발전의 관계를 회귀분석을 활용하여 실증적으로 분석하였다. 전반적으로 신뢰, 사회 네트워크, 시민의식(규범) 등과 같은 하위 핵심 구성 요소들로 구성된 사회자본은 경제발전에 긍정적인 영향을 미치는 것으로 나타났다. 이와 같은 분석 결과는 사회자본이 생산성과 경제성장에 미치는 긍정적인 영향을 주장하는 기존의 다양한 사회자본론자들의 연구 결과와 일맥상통한다. 그러나 본 연구의 분석 결과들이 경제적 성과에 지식자본, 기업가정신자본, 인적자본들이 미치는 긍정적인 역할을 주장하는 선행 연구들[17]의 결과와 반드시 일치하지는 않다. 이 결과는 사회자본이 경제발전에 미치는 영향이 사회자본과 다른 자본들과의 상호작용에 따라 달라짐을 의미한다. 그렇기 때문에 사회자본이 경제발전에 미치는 영향을

16) 실제로 기업가정신자본의 회귀계수는 99% 신뢰수준에서 통계적으로 유의한 부(-)의 값을 지니는 것으로 나타났다. 따라서 기업가정신자본의 직접효과와 상호작용효과에 관한 회귀분석 결과는 단순히 생산함수에 기초하여 경제발전을 설명할 수 없다.

17) 이에 대한 보다 구체적인 내용은 Knack and Keefer(1997), Knack(1999), Grootaert and van Bastelaer(2001), Durlauf(2002), Durlauf and Fafchamps(2004) 등을 참고하기 바란다.

구체적이고 명확하게 분석하기 위해서는 기업가정신자본과 인적자본 등과 같은 다양한 요인들과 사회자본의 상호작용 효과를 고려할 필요성이 있음을 시사한다.

제5절 소결

신고전적 경제성장이론이 등장한 이후 경제발전에 관한 논의는 물적자본에 대한 투자와 값싼 노동력에 대한 접근성 강화 등을 중심으로 이루어졌다(Audretsch and Keilbach, 2005). 그러다가 인적자본과 내생적 경제성장론자들의 주장에 대한 관심의 증가는 자연스럽게 경제발전을 위한 지식자본과 교육에 대한 투자의 중요성을 강조하기 시작했다. 그러나 이와 같은 접근법들은 경제발전과 성장의 변이와 다양성을 충분히 설명하지 못하였고, 그 결과 '솔로우 잔차' 문제는 여전히 중요한 이슈로 남아 있다.

비교적 최근에 들어 창의적 기업가정신이론가들은 기업가정신이 경제적 성과 향상에 긍정적인 영향을 미친다고 주장하기 시작하였고, 적어도 기업가정신이 '솔로우 잔차'의 일부분을 설명할 수 있다고 강조했다. 특히 창의적 기업가정신의 중요성을 강조하는 학자들은 기업가정신이 지식의 파급효과를 가져올 수 있는 연결 통로 역할을 수행하며, 그러한 파급효과는 궁극적으로 경제적 성과 향상에 기여한다고 주장한다. 그러나 또 다른 이론들은 창의적 기업가정신이라는 것이 인적자본이나 지식자본과의 상호작용 없이는 경제적 성과에 유의미한 영향을 주지는 못한다고 주장한다. 이러한 과정에서 사회자본 개념은 국가 수준에서의 경제발전을 논의하는 데 매우 중요시되기 시작하였다.

본 연구에서는 사회자본과 관련된 논의를 발전시켜 사회자본과 경제발전의 관계를 국가수준에서 분석하였으며, 사회자본을 좀 더 일반적으로 적용 가능한 개념으로 활용하고자 노력하였다. 본 연구에서 도출된 분석 결과들은 사회자본과 경제발전의 관계를 실증적으로 뒷받침할 뿐만 아니라 양자의 관계를 파악하는 기존의 다른 접근법들의 한계를 넘어 좀 더 이론적, 실증적 쟁점들을 부각하고 있다. 구체적으로 본 연구의 분석 결과들은 사회자본이 물적자본과 같이 기존의 중요한 요인들과 더불어 경제발전에 긍정적인 기여를 하고 있음을 보여 준다. 그렇지만 기업가정신자본과 사회자본 간의 상호작용이 경제발전에 부정적인 효과를 미치는 분석 결과도 도출되었다. 따라서 후속 연구에서는 사회자본이 경제발전의 원동력이 될 수 있는 다른 요인들과 어떻게 상호작용하는지에 대한 검토가 더 명확하게 이루어질 필요성이 있다. 그럼에도 불구하고 본 연구에서는 기업가정신자본과 인적자본의 상호작용효과가 통제된 상태라면 적어도 사회자본은 국가수준에서의 경제발전에 중요한 영향을 미칠 수 있다는 점은 발견할 수 있다. 이와 같은 상호작용이 경제발전과 관련된 선행 연구들에서는 고려되지 못했다는 측면에서 볼 때 향후 이와 관련된 후속 연구에서 경제발전에 영향을 줄 수 있는 다양한 요인들 간의 상호작용을 구체적으로 다룰 필요성이 있다.

마지막으로 사회자본과 경제발전의 관계와 관련하여 본 연구는 탐색적인 연구이며, 공간적 자기 상관성 문제(spatial autocorrelation)를 분석모형에 고려하지 않았다. 그 이유는 본 연구의 분석 대상 국가들은 전 세계의 삼분의 일에 해당하며, 서로 분산된 국가들이 분석모형에 포함되었기 때문이다. 만일 한 국가 내 지역수준에서의 분석이 향후에 후속 연구에서 이루어진다면 지역적 종속성(spatial dependency)과 같은 공간적 자기 상관성 문제에 대해 고려할 필요성이 있다. 다시 말해, 후속 연구에서 지역 관련 데이터[18]를 활용하여 사회자본과 경제발전의 관계를 국가 내 주 정부나 지방정부 수준에서 분석한다면 공간적 자기 상관성 문제를 고려한 분석모형을 설정하여 공간적 효과가 경제발전에 미치는 영향을 통제할 필요성이 있다.

18) 예를 들어 미국에서는 주 정부와 메트로폴리탄 지역 데이터(State and Metropolitan Area Data Book)를 미국 통계청에서 발간하고 있으며, 지역경제계정(Regional Economic Accounts) 데이터도 경제분석국(Bureau of Economic Analysis)에서 발간하고 있다. 그리고 유럽에서는 NUTS 3 또는 Third level Nomenclature of Units for Territorial Statistics 등을 기준으로 작성된 데이터들이 존재한다.

제 4 장 사회자본과 정부의 질

제1절 정부의 질적 수준 설명 요인으로 사회자본 개념의 도입
제2절 사회자본과 정부의 질의 관계
제3절 분석 자료와 분석 방법
제4절 사회자본과 경제발전, 그리고 정부의 질의 관계
제5절 소결

제4장 사회자본과 정부의 질

제1절 정부의 질적 수준 설명 요인으로 사회자본 개념의 도입

지난 30여 년간 정부 역량과 성과를 포함한 정부의 질에 관한 논의들은 공공정책과 공공관리 분야에서 많은 관심을 불러일으켰다(Brewer et al., 2007; Boyne et la., 2006; Pollitt an Bouckaert, 2004). 정부의 질에 대한 이와 같은 논의들은 신공공관리(NPM)와 같은 정부 개혁으로 인해 많은 나라에서 가속화되었고, 현재 각국은 정부의 질적 향상을 위한 다양한 개혁을 추진하고 있다(Brewer et al., 2007). 특히 우리 사회의 운영 방식은 지난 20년 동안 소리 없는 변혁을 겪었으며, 현재 우리 사회는 통치 패러다임(government paradigm)에서 관리 패러다임(governance paradigm)으로 변화하는 과정에 있다(Frahm an Martin, 2009; Richards and Smith, 2002; Salamon, 2002; Marsh et al., 2001; Pierre. 2000; Rhodes, 1997). 통치의 지배구조는 고전적 베버주의에 입각한 계층제 원리(the classical Weberian hierarchical rule)에 기초한 관료제 모형(bureaucratic model)에서 시민 사회 구성원의 협상과 참여, 그리고 설득에 기초한 분권적이고 수평적인 모형(decentralized and horizontal model)으로 전환되고 있다(Frahm an Martin, 2009; Bull and Jones, 2006). 거버넌스 이론에서는 이와 같은 분권적, 수평적 모형이 민간 영역과의 새로운 협력관계와 관련되는데, 민관협력관계(public-private partnership, PPP)는 이와 관련된 하나의 좋은 예가 된다. 아울러 지역 개발을 위해 정부, 시민사회, 민간 영역 모두가 협력하는 유럽연합의 리더프로그램은 거버넌스 이론의 좋은 예가 된다(European Communities, 2006).

비록 이러한 거버넌스 패러다임의 정확한 형태는 여전히 명확하진 않지만, 거버넌스의 핵심적인 특성은 점점 더 명확해지고 있다(Frahm and Martin, 2009; Martin and Stutt, 2008. kettner, Moroney, and Martin, 2008). 즉 거버넌스 패러다임의 중요한 특징은 정부의 효과성, 효율성, 책임성 뿐만 아니라 시민사회 구성원 간의 협상, 설득, 네트워크 형성, 정치적 참여 등이 중요시된다는 것이다(Martin and Stutte, 2008; Goldsmith and Eggers, 2004; Daly, 2003; Reddel, 2002; Salamon, 2002). 특히 거버넌스 패러다임으로의 전환의 중요성이라는 측면에서 볼 때, 정부 운영 과정에서 대중의 참여와 네트워크 형성 요인이 정부의 질적 향상을 위해 필수불가결한 요소이다. 결국 거버넌스의 이와 같은 특징들은 사회적 응집력과 참여, 사회적 네트워크 등을 나타내는 사회자본의 다양한 속성들과 매우 밀접한 관련을 맺고 있으며, 그렇기 때문에 사회자본 개념은 정부의 질을 연구하는 분야에서 매우 광범위하게 활용되어 왔다.

Coleman(1990), Putnam(1993a), Fukuyama(1995)가 '사회자본'을 신뢰, 사회 네트워크, 시민 의식 등과 같은 하위 구성 요소로 구성된 집단적 사회구조[1] 개념으로 활용하면서 사회자본은 각국의 정치, 경

1) 이러한 사회적 구조(social structures)는 개별 행위자들에게 필요하고 유용한 자원을 제공할 수 있다.

제, 사회적 상황을 논의하는 자리에서 중요한 이슈로 자리 잡았고, 이에 대한 연구가 활발하게 진행되어 왔다. 사회자본에 관한 이러한 이론적인 논의들은 자연스럽게 사회자본의 다차원적인 측면들에 관한 실증연구들을 촉발하였는데, 실질적으로 경제발전과 성장(Knack an Keefer, 1997; Woolcock, 1998; Whiteley, 2000; Beugelsdijk et al., 2004; Beugelsdijk and Smulders, 2004; Beugelsdijk and van Schaik, 2005), 정부성과(Inglehart. 1997, Rice and Surnberg, 1997; Ling and Rice, 1998; Welzel and Inglehart, 1999; Putnam, 2000; Rice, 2001),[2] 선거 참여(Knack, 1992), 정부에 대한 신뢰(Brehm and Rahn, 1997) 등의 영역에서 다양한 논의가 이루어졌다. 이와 같은 실증연구의 결과들은 사회자본이 정부의 질적 향상에 긍정적인 영향을 미친다고 주장한다(Knack, 2002). 그런데 정부의 질에 미치는 사회자본의 영향 정도는 개별 국가의 경제발전 정도에 따라 달라질 수 있다. 왜냐하면 사회자본의 다양한 특성들은 커뮤니티와 패밀리 네트워크뿐만 아니라 시민 사회 구성원의 사회적 응집력과 참여 등으로 구성되어 있기 때문에 개별 행위자들이 지닌 재원은 그들의 사회자본 형성에 중요한 영향을 미치며, 그렇기 때문에 사회자본과 경제발전의 관계는 정부의 질에 영향을 미칠 수 있다. 따라서 사회자본과 정부의 질의 관계를 규명하기 위해서는 사회자본과 경제발전의 관계(SC-ED 유형)에 관한 유형론적인 접근(typological approach)이 필요하다. 그렇지만 최근까지 이와 같은 유형론적 접근법을 활용하여 사회자본과 정부의 질의 관계를 규명하는 연구는 거의 찾아볼 수 없다.

아울러 최근까지 각국은 정부의 질을 향상시키는 데에 많은 관심

2) 반면에 몇몇 학자들은 사회자본과 정부 성과 간에는 아무런 관련성이 없다는 연구 결과를 보여주기도 하였다(Jackman and Miller, 1996).

을 가지고 있음에도 불구하고, 사회자본과 경제발전의 관계를 분석하여 유형화한 뒤 각 유형과 정부의 질의 관계를 서로 다른 영역이나 국가에 적용하여 일반화를 시도하는 국가수준에서의 실증연구도 거의 찾아볼 수 없다(Knack and Keefer, 1995; Brewer, 2004; Brewer et al., 2007).3) 선행 연구들은 분명 이론의 발전에는 기여하였지만 '정부의 질'이라는 것을 구체적으로 설명하지는 못하였기 때문에 각국의 정부의 질을 실증적으로 비교하며 분석하는 데에 많은 한계가 있다.

본 연구에서는 선행 연구가 지닌 이와 같은 한계점을 고려하여 사회자본과 경제발전의 관계를 유형화(SC-ED types)하고, 이러한 유형화에 기초하여 정부의 질을 국가수준에서 실증적으로 분석한다. 본 연구의 주된 목적은 정부의 질에 관한 기존의 경험적, 실증적 선행 연구들의 이론적 틀에 기초하여 다양한 형태로 유형 분류한 사회자본과 경제발전의 관계가 정부의 질에 미치는 영향을 88개국을 대상으로 분석하는 것이다. 그래서 본 연구의 초점은 사회자본이 정부의 질에 얼마만큼의 영향을 미치는지를 분석하는 데에 있는 것이 아니라 사회자본과 경제발전의 관계가 정부의 질에 영향을 미치는지 여부를 분석하는 데에 있다.

사회자본과 경제발전의 관계를 유형화하기 위해 본 연구에서는 퍼지셋 이론(Fuzzy-set Theory)을 적용한다. 즉 본 연구는 정부의 질에 관한 다양한 모델을 활용하여 퍼지셋 이론의 적용을 통해 유형 분류된 사회자본과 경제발전의 관계(SC-ED types)가 정부의 질에 미치는 영향

3) Brewer et al.(2007)에 따르면, 정부의 질에 관한 대부분의 연구는 역사적인 사례연구에 바탕을 두고 이루어졌으며, 이는 각국의 정부의 질에 관한 비교연구를 더욱 어렵게 하고 있다. 뿐만 아니라 하나의 단일한 연구 내의 많은 샘플 사이즈의 연구는 개별 국가의 정부의 질에 관한 충분한 설명을 제공해 주지 못하며, 그 결과를 다른 국가에 일반화하기도 어렵다.

을 분석한다.

본 장은 총 다섯 절로 구성되었다. 먼저 정부의 질과 관련된 논의들을 간단하게 소개한 뒤 사회자본이 경제발전에 미치는 영향에 관한 이론적 논의들을 정리한다. 그리고 난 다음에는 본 연구의 분석자료와 분석 방법을 소개하고, 퍼지셋 이론에 기초하여 사회자본과 경제발전의 관계를 유형화한다. 사회자본과 경제발전의 유형화가 이루어지고 나면 다양한 연구모형을 활용하여 각 유형과 정부의 질 간의 관계를 실증적으로 분석하며, 마지막으로 연구 결과의 요약과 함께 시사점을 정리할 것이다.

제2절 사회자본과 정부의 질의 관계

1. 정부의 질

1980년대 후반부터 경제발전과 사회복지 분야의 많은 학자들이 정부의 질에 많은 관심을 가지기 시작하였다(Acemoglu an Robinson, 2008). 정부의 질에 관한 연구는 "어떤 정부가 좋은 정부이고, 좋은 정부의 귀결은 무엇이며, 그것을 이루기 위한 토대와 조건은 무엇인지를 규명하는 것"을 목적으로 한다고 볼 수 있다(김선혁, 2011: 50). 그런데 정부의 질에 대한 폭넓은 이해를 위해서는 정부의 질이 지니고 있는 중요한 특성들을 파악할 필요성이 있다. 하지만 정부의 질이 다차원적인 측면을 지니고 있어 그러한 특성들을 파악하는 것은 상당히 어려운 과정이다. 게다가 '질'에 대한 학자들 간의 통일된 개념 정의가

〈표 4-1〉 통치 패러다임과 거버넌스 패러다임 간의 비교

비교 기준	통치 패러다임 (Government Paradigm)	관리 패러다임 (Governance Paradigm)
정부의 역할	적극적 개입	소극적 개입
권한과 의사 결정	중앙집권적 명령과 통제	지방분권적 협상과 설득
시스템 구조	폐쇄적, 수직적	개방적, 수평적
포커스	프로그램	도구
민주적 과정	하향식(대표제)	상향식(참여제)
책임성	과정 산출, 질적 결과	커뮤니티 수준 결과
정책	중앙집권적 / 통일성(단일성)	분권적 / 지역적 민감성

출처: Frahm and Martin(2009: 410).

이루어지지 못해서 정부의 질을 측정하기 위해 학자에 따라 서로 다른 측정 지표들을 활용해 왔다(Brewer et al., 2007). 그렇기 때문에 정부의 질을 구성하는 요소와 그 특징은 다양한 측정 지표들로 측정되고 이해되어 왔다.

아울러 현대사회가 통치 패러다임(government paradigm)에서 거버넌스 패러다임(혹은 관리 패러다임)으로 넘어가는 과도기에 있기 때문에 정부의 질과 관련된 다양한 특성들을 이해하는 것은 쉬운 일이 아니다(Rhodes, 1997; Pierre, 2000; Marsh et al., 2001; Richards and Smith, 2002; Salamon, 2002; Frahm and Martin, 2009). 그러므로 질적으로 우수한 정부의 특성은 어떤 패러다임에 초점을 두느냐에 따라 달라질 수 있다. 패러다임의 전환과 관련하여 Frahm과 Martin(2009)는 7가지 차원, 즉 정부의 역할, 권한과 의사 결정, 정부 구조, 민주적 과정, 포커스, 책임성, 정책 등에 기초하여 거버넌스 패러다임과 통치 패러다임을 비교하였다. 〈표 4-1〉은 구체적으로 통치 패러다임과 거버넌스 패러다임 간의 비교 결과를 제시한 표이다.

Frahm과 Martin(2009)은 두 패러다임의 가장 큰 차이점이 정부의

역할에 있다고 주장한다. 통치 패러다임에서 정부의 주된 역할은 다양한 사회적, 공공정책적 이슈를 찾아 검토하며 필요에 따라서는 그러한 사회 및 공공서비스를 제공하는 것이다(Salamon, 2002; Austin, 2003; Daly, 2003; Frahm and Martin, 2009). 반면 거버넌스 패러다임에서 정부는 수많은 행위자들 및 기관들 중의 하나이며, 사회 및 공공정책적 이슈에 가장 최적화된 행위자나 기관들이 그와 같은 이슈들을 해결하는 데 주도적인 역할을 담당한다. 그렇기 때문에 거버넌스 패러다임에서는 "정부 기관, 비영리 및 영리 추구 단체, 종교 단체, 기타 다른 조직들을 포함한 복합적인 정부 및 비정부적 행위자들"(Frahm and Martin, 2009: 411)이 공공정책을 만들고 집행하며, 사회 및 공공서비스를 제공하는 데에 있어서 매우 중요한 역할을 담당한다(Austin, 2003; Daly, 2003). 간단히 말해, 통치 패러다임에서는 정부의 효과성이 정부의 질적 특성 중에서 중요한 요소인 반면에 거버넌스 패러다임에서는 정부 운영에 있어서 시민의 참여와 아울러 시민들의 정치적 참여를 통한 국가 정부에 대한 신념과 신뢰 확보가 정부의 질적 특성 중에서 중요한 요소이다.

최근 들어 정부의 질에 관한 연구는 주로 정치적 측면과 국가의 관료제 구조에 주로 초점이 맞추어져 있다(Dahlberg et al., 2011). 예를 들면, 민주주의 혹은 선거 시스템의 효과성은 정부의 질적 측면 중에서 정치적인 측면에 포함될 수 있다. Rice(2001)는 좋은 정부는 사회 구성원과 그들의 요구에 부응하는 것뿐만 아니라, 효과적으로 그들의 요구를 충족시킬 수 있어야 한다고 말한다. 그러므로 정부의 효과성과 정치 참여를 위한 법치주의가 확립되어 있는가는 정부의 질을 판단하는 데 굉장히 중요한 부분이다.

관료제 구조[4]는 정부 행정의 구조와 행태를 의미하며, 정부 기관이 공권력을 행사할 때 지켜야 할 불편부당성(impartiality)과 행정의 전문성과 관련이 있다. 따라서 Teorell et al.(2009)는 불편부당성과 전문성이 정부의 질적 특성을 논의할 때 매우 중요한 핵심 요소라고 주장한다.

이렇게 정부의 질 개념을 활용한 최근 논의들을 종합해 보면, "좋은 정부의 질은 좋은 정책 성과를 통해 판명될 수 있다는 기본 전제에서 출발하고 있다"고 볼 수 있다(김두래, 2012: 58). 좋은 정책 성과에는 시민의 높은 주관적 삶의 만족도, 혁신, 경제성장, 정치 발전 등이 있다. 물론 이러한 좋은 정책 성과가 좋은 정부의 질적 향상을 도모하는 데 기여할 수 있다는 논의도 존재한다. 즉 좋은 정부의 질과 좋은 정책 성과의 쌍방향성을 주장하는 연구들(예: Kurtz and Schrank, 2007)도 실제로 존재한다.

정부의 질에 관한 경험적, 실증적 연구를 위해서는 정부의 질을 구성하는 개념적 구성 요소 또는 측정 기준에 대한 규명이 필요하며 또한 중요하다. 최근까지 정부의 질의 개념적 구성 요소 또는 측정 기준에 관한 연구들을 살펴보면, 다양한 개념적 구성 요소 및 측정 기준이 존재하며, 정부의 질 개념과 그 성과의 관계에 관한 불명확한 구분으로 실제 분석에서 각각의 개념적 구성 요소들 간의 중첩 문제가 존재해 왔다(김두래, 2012). 이러한 선행 연구의 한계에도 불구하고, 최근의 몇몇 연구들은 정부의 질의 개념적 구성 요소에 관한 유용한 정보를 제공한다. 먼저 Doh(2014)는 정부의 효과성을 정부의 질의 중요한 개념적 구성 요소로 제시하였으며, World Bank가 매년 산출하는 정부 효과성지수(government effectiveness index)를 대리변수로 활용

4) 관료제 구조는 또한 정치, 경제 사회적 결과에도 중요한 영향을 미칠 수 있다 (Dahlberg et al.. 2011).

하였다. QoG Institute(2010)의 연구에 따르면, 정부의 질은 부패, 법의 지배, 관료의 효과성, 반응성과 책임성 등과 관련된 지표들로 측정될 수 있다. 특히 Teorell(2009)와 Teorell et al.(2011)은 불편부당성과 행정의 전문성은 정부의 질의 또 다른 중요한 개념적 구성 요소로 제시하였다. 아울러, Helliwell and Huang(2008)은 공공서비스 역량을 정부의 질의 핵심 요소로 제시하였다.

이상의 논의를 종합해 볼 때 정부의 효과성, 부패, 법의 지배, 관료의 효과성, 반응성과 책임성, 불편부당성, 행정의 전문성, 공공서비스 역량 등은 한 국가의 정부의 질을 판단하는 데 있어 중요한 핵심 요소들이라고 볼 수 있다. 그럼에도 불구하고 선행 연구들에서 이와 같은 다양한 핵심 요소들을 종합적으로 고려하여 정부의 질을 측정하지 못한 것은 아마도 측정과 관련된 데이터의 부재가 중요한 이유 중의 하나였을 것으로 추정된다.

2. 사회자본과 정부의 질의 관계

Bourdieu(1986)가 개인이 지닌 자원 개념으로 사회자본을 개념화하고, Coleman(1990), Putnam(1993a), Fukuyama(1995) 등의 학자들이 신뢰, 사회 네트워크, 시민 의식(규범) 등과 같은 사회적 구조와 같은 집단적인 개념으로 사회자본을 활용하기 시작한 이후로 사회자본 개념은 정치·경제·사회적 성과 및 결과를 설명하는 이론적, 실증적 연구에서 빈번히 활용되기 시작하였다. 특히 사회자본 개념은 정치적인 측면에서 그 나라의 잠재적인 경제적 번영과 성공적인 정부 운영을 설명하는 데에 많이 활용된다(Bull and Jones, 2006). 그 결과 최근의 다양한 실증연구들은 사회자본의 다차원적인 측면들을 경제적 성과(Knack and Keefer, 1997; Woolcock, 1998; Whiteley, 2000; Beugelsdijk et al., 2004; Beugelsdijk and Smulders, 2004; Beugelsdijk and van Schaik, 2005)와 정부의 질(Knack, 1992; Inglehart, 1997, Rice and Sumberg, 1997; Brehm and Rahn, 1997; Ling and Rice, 1998; Welzel and Inglehart, 1999; Putnam, 2000; Rice, 2001; Knack, 2002)과 결부하고 있다.

사회자본의 분류와 관련하여 최근까지 다양한 접근법이 등장하였는데, 그중에서 사회자본을 교량형 사회자본(bridging social capital), 결속형 사회자본(bonding social capital), 연계형 사회자본(linking social capital)으로 구분하는 접근법이 가장 널리 활용되고 있다. Bull and Jones (2006)에 따르면, 교량형 사회자본은 사회자본의 범위를 넓히는 것으로 다양한 조직이나 기관들과 네트워크를 맺는 것을 의미하는데 그러다 보면 형성된 네트워크의 결속이 약해진다. 반면에 결속형 사회자본은 하나의 동질적인 그룹 내에서 행위자들 간에 매우 친밀하고 강한 연계성을 지닌 네트워크를 맺는 것을 의미하는데, 그렇게 되면 다양한 조직이나 기관들과 네트워크를 맺는 것이 어렵게 된다. 마지막으로 연계형 사회자본은 서로 다른 권력과 사회적 지위에 있는 행위자들과 네트워크를 형성하는 것을 의미한다. 이와 같은 사회자본의 형태들은 사회자본의 개념적 발전을 의미하며, 그렇기 때문에 개별 행위자들은 사회적 활동을 통해 다양한 배경을 지닌 사회 구성원과 신뢰에 기초한 다양한 관계망을 형성할 필요성이 있다(Tymon and Stumpf, 2003). 형성된 사회적인 네트워크 속에서 개별 행위자들은 다른 행위자들을 도움으로써 이타적인 행위를 하게 되면 이는 궁극적으로 기존의 관계망에 더욱 강한 유대감을 심어줄 수 있다. 이와 같이 사회 구성원의 이타적 행위들은 사회자본을 유지하는 데에 매우 필요하다(Adler and Kwon, 2002; Tymon and Stumpf, 2003).[5)]

사회자본과 정부의 질의 관계와 관련하여, 비록 사회자본의 다차원적 속성은 관계망에서 소외된 사회 구성원들이 사회로부터 격리되고 차별받을 수 있는 위험 등과 같이 잠재적으로 부정적인 영향을 미칠 수도 있지만(Bull and Jones, 2006), 선행 연구들은 사회자본이 정부의 질적 향상에 긍정적으로 기여한다고 주장한다(Knack, 2002). 사회자본은 정부가 사회 구성원으로 구성된 조직이나 기타 자발적 결사체와의 네트워크 형성에 긍정적인 기여를 할 수 있도록 하며, 그러한 과정을 통해 정부의 효과성을 높이기 위한 정부 내외부의 사회 구성원의 광범위한 참여와 지속적인 평가를 촉진하는 새로운 거버넌스를 구축할 수 있도록 한다(Lowndes et al., 1998; Lowndes, 2001).

만일 사회자본이 정부의 질과 관련성이 있다면, 사회자본의 핵심 구성 요소들은 어떻게 정부의 질을 향상시킬 수 있는가? 물론 이 질문에 대해 답을 명확히 할 수 없지만(Boix and Posner, 1998), 우리가 사회자본을 가치(규범)나 네트워크 측면 중에서 어떤 측면으로 파악하느냐에 따라 그 대답은 달라질 수 있다(Rice, 2001). 만일 우리가 사회자본을 가치라는 측면에서 파악한다면, 좋은 정부는 사회자본의 핵심 구성 요소 중의 하나인 사람들 간의 (일반적인)신뢰 형성을 통한 법과 규칙의 준수를 유도할 수 있다. 다시 말해 사람들 간에 신뢰가 형성되어 있다면 정부와 시민 간의 거래비용을 감소할 수 있으며(Boix and Posner, 1998; Rice, 2001; Knack, 2002), 사람들은 좀 더 쉽게 그들이 원하는 바를 정부에게 요구할 수 있을 것이다. 그러한 과정 속에서 정부가 공익 증진을 위해 노력한다면 결국 정부는 잠재적으로 반응성과 책임성을 높일 수 있다(Rice, 2001: 377).

---

5) 그렇기 때문에 신뢰와 시민 의식은 사회자본을 유지하고, 그 가치를 강화하는 과정에서 매우 중요한 개념이다.

신뢰에 관한 기존 연구들을 살펴보면, 신뢰는 일반적 신뢰(Generalized Trust)와 제도적 신뢰(Institutional trust)로 구분됨을 알 수 있다. 민주주의 정부가 계속 살아남기 위해서는, 사회 구성원이 지닌 일반적 신뢰가 사회자본의 매우 중요한 요소이다(Paxton, 1999; Inglehart, 1999). 왜냐하면 "어떤 공동체와 공동체 지도자가 정부의 통치를 받고 있는 반대편의 공동체와 공동체 지도자가 규칙을 준수할 것이라고 믿지 않는다면, 그 공동체와 공동체 지도자 역시 규칙을 준수하지 않을 것"이기 때문이다(Knack, 2002; 744).

한편 제도적인 신뢰는 사람들이 사회를 구성하는 제도나 기관에 대해 가지고 있는 신뢰를 의미하는데, 이것은 일종의 억제적인 속성을 지니고 있다(Dakhli and de Clercq, 2004). 즉 어떤 사회제도나 기관들이 사회계약의 임의적 파기로부터 사회 구성원을 보호하고, 교환과 커뮤니케이션을 도와 준다고 생각하면 사회 구성원은 더 적극적으로 상호작용을 하려고 할 것이다. 따라서 신뢰는 호혜성의 기초가 되고, "사회생활을 하는 과정에서 발생하게 되는 불가피한 마찰에 윤활유 역할(Putnam, 2000; 135)"을 수행하기도 하며, 효율성 증대와 거래비용 감소에도 기여한다(Fukuyama, 1995). 이러한 맥락에서 볼 때 일반적 신뢰와 제도적 신뢰는 사람들에게 필요한 정보, 스킬, 지식 등과 같은 재원의 공유와 협력을 촉진하고 부정행위를 막기 위한 불가피한 개입의 필요성을 줄일 수 있다. 그러므로 사회 구성원 간의 신뢰와 협동심을 포함한 일반화된 호혜성이라는 요소는 정부의 질적 향상에 긍정적인 역할을 수행한다고 볼 수 있다(Knack, 2002).

만일 우리가 사회자본을 네트워크 개념으로 파악한다면, 정부의 질적 향상은 조직화되고 효율적인 의사소통 채널을 통한 집단 이익의 조직화된 표출을 통해 달성될 수 있다. 폐쇄적인 사회 네트워크와 응집성이 있는 연계망은 구성원 간의 신뢰, 협력, 상호작용을 촉진한다(Coleman, 1988, 1990). 신뢰, 공유된 가치, 상호 지지, 유대감에 기초한 사회적 관계망을 형성하고 있는 영역은 사회적 조직에 대한 참여율이 높은 경향이 있어, 높은 수준의 사회자본을 형성하게 된다(Putnam, 1993b). 따라서 만일 정부가 공공 또는 민간 영역의 구성원들이 제기하는 이슈에 반응성이 높다면 사회 네트워크는 정부의 질을 향상시킬 수 있다(Almond and Verba, 1963).

반면에 개인주의적인 행위자들로 구성된 고도로 네트워크화된 커뮤니티의 특수 이익이 정부의 관심을 끌게 되면, 성공적인 이익의 표출은 공익의 관점에서 볼 때 항상 질 높은 정부를 보장할 수 없다(Berman, 1997; Rice, 2001). 즉 공익의 관점에서 보면, 우리는 사회자본의 핵심 구성 요소 중의 하나인 시민 의식(규범)을 고려해야만 한다. 시민의식은 주어진 사회 구성원이 일반적으로 공익을 위해 서로 협력하는 경향을 의미한다(Knack and Keeper, 1997; Dakhli and de Clercq, 2004). 그래서 무임승차가 아닌 투표나 다른 형태의 표현 방식을 통한 많은 대중의 정치적 참여는 정부의 책임성을 강화하는 데 매우 중요하다고 볼 수 있다(Knack, 2002: 773). 투표나 다른 수단을 통해 시민들이 그들의 선호를 표출하는 것, 그리고 시민들이 자신의 주장할 펼칠 수 있는 의지와 능력은 무능하고, 무책임한 관료들에 대한 견제 장치로써 정부의 질적 향상에 기여하게 된다.

정부의 질적 향상과 관련된 이와 같은 논의들을 고려해 볼 때, 사회자본은 정치적 참여 수준과 특징에 대한 영향, 무임승차 감소, 공익 추구 활동 강화 등을 통해 정부의 질적 향상에 기여한다. 그리고 이러한 관계가 성립되기 위해서는 시민들이 일반적인 호혜성 규범을 준수하고, 상호 신뢰 수준이 높아야 한다(Knack, 2002). 그러나 사회자본이 정부의 질적 향상에 기여할 수 있는가의 여부는 각국의 경제발전 수준에 따라 달라질 수 있다. 다시 말해, 사회 구성원이 소유하고 있는 재원 규모는 그들의 사회자본 형성[6]에 결정적인 영향을 주기 때문에 사회자본이 정부의 질적 수준에 미치는 영향은 각국이 처한 경제발전 수준에 의해 좌우될 수 있다. 이와 관련하여 선행 연구들도 부유한 국가들은 질적으로 좀 더 높은 정부를 구축하고 있다고 주장한다(La Porta et al., 1999). 따라서 사회자본과 경제발전의 관계에 관한 유형화 연구는 사회자본이 정부의 질에 미치는 영향을 분석하는데 상당히 필요하다. 더 나아가 후속 연구들은 사회자본과 경제발전의 관계가 어떻게 정부의 질과 상호작용을 하는지에 대해 좀 더 명확히 탐색할 필요성이 있으며, 이러한 상호작용은 심도 있는 연구를 필요로 한다. 하지만 현재까지 사회자본과 경제발전의 관계에 대해 유형론적 접근을 활용한 선행 연구는 본 연구자가 아는 한 거의 전무하다. 선행 연구의 이와 같은 한계점을 인식하여 본 연구에서는 사회자본과 경제발전의 관계를 탐색하고, 퍼지셋 이론을 적용하여 사회자본과 경제발전의 관계를 유형화한다. 그리고 난 다음에 본 연구에서는 도출된 사회자본과 경제발전의 관계 유형과 정부의 질 간에는 어떤 관련성을 맺고 있는지를 다양한 분석모형을 통해 살펴본다.

6) 사회자본의 다양한 특징은 커뮤니티, 가족 네트워크, 시민사회 등 구성원의 사회적 응집성과 참여로 구성되어 있으며, 그렇기 때문에 구성원이 지니고 있는 재원은 그들의 사회자본 형성에 결정적인 역할을 하게 된다.

제3절 분석 자료와 분석 방법

1. 사회자본과 경제발전의 관계 유형화: 퍼지셋 분석 기법 적용

본 연구에서는 퍼지셋 이상형 분석 기법(Fuzzy-set ideal type analysis)을 활용하여 사회자본과 경제발전의 관계를 유형화한다. 1965년 Lotfi Zadeh가 처음 제안한 퍼지셋 이론은 고전적 집합이론의 확장 형태로써 심리학, 수학 등에서 사용되다가 Charles Ragin과 Jon Kvist에 의해 사회과학 연구에 적용되면서 보편화되기 시작했다(최영준, 2009). Ragin(2000)에 따르면 퍼지셋 분석 기법은 소수의 사례(small-N)를 가지고 연구하는 사례 중심 방법에 기반한 논문들과 다수의 사례(large-N)를 가지고 연구하는 변수 중심 방법에 기반한 논문들로 극간적으로 나뉜 사회과학 연구의 현실 속에서 중간 사례(intermediate-N)를 가지고 연구할 수 있는 분석 기법의 하나이며, 퍼지셋은 기존의 두 연구 방법론의 가교(bridge) 역할을 수행할 수 있다고 표현한다(최영준, 2009).

퍼지셋 분석 기법은 이론적 개념과 분석적 구성 개념을 측정할 수 있도록 하는데(Kvist, 2007), 사회과학에서 이 기법은 크게 결합적 인과관계를 밝히려는 퍼지셋 질적 비교 방법론(Fuzzy-set/Qualitative Comparative Analysis: QCA)과 유형화를 위한 퍼지셋 이상형 분석기법으로 활용되고 있다. 본 연구에서는 퍼지셋 분석 기법을 활용하여 사회자본과 경제발전의 관계를 유형화하고자 하기 때문에 퍼지셋 이상형 분석 기법에 대해서만 설명하기로 한다. 유형화를 위한 퍼지셋 이상형 분석 기법을 적용하는 과정에서 가장 중요한 단계 중의 하나는 원 자료를 퍼지 점수로 환산하는 절차이다. 먼저 이론적 개념 측면에서 볼 때, 이 분석 기법은 각 분석 사례들을 연구자가 초점을 두는 다양한 차원으로 서로 다르게 배치할 수 있다. 그리고 실제 적용상에서는 각 사례들을 0(집합에 완전히 속해 있지 않음)과 1(집합에 완전히 속해 있음) 사이의 다양한 퍼지 점수를 할당한 뒤 한 사례가 어떤 이상형에 속해 있는지에 대한 부분적 점수를 도출한다(Hudson and Kühner, 2009: 37). 이와 동시에 각 이상형에 대한 소속 점수의 크기를 비교하여 각 사례는 어떤 유형인가를 판단하는데(Kvist, 1999), 연구자는 이 과정에서 질적인 구분점(break point)을 활용하여 각 사례가 속하는 유형에 대한 평가에 신중을 기할 필요성이 있다(Hudson and Kühner, 2009; Kvist, 2006; Ragin, 2000; Ragin et al., 2006).[7] 구체적으로 본 연구에서는 'fs/QCA' 소프트웨어를 사용하여 퍼시셋 점수를 산정하였으며, 〈표 4-2〉는 퍼지셋 점수와 질적인 구분점에 관한 간단한 설명을 제시한 표이다.

〈표 4-2〉에 따르면 1의 값은 '집합에서 완전히 속해 있음'을 의미하고 0의 값은 '집합에 완전히 속해 있지 않음'을 의미한다. 그리고 1에 가까우나 0.5보다는 큰 값은 '속해 있지 않기보다는 속해 있음'을 의미하는 반면에 0보다는 크나 0.5보다는 작은 값은 '속해 있기 보다는 속해 있지 않음'을 의미한다. 아울러 0.5의 값은 분기점을 의미한다(Rihoux and Ragin, 2009).[8] 그래서 퍼지셋 기법은 양적, 질적 평가를

7) 퍼지셋 이론은 많은 장점을 지니고 있다. Hudson and Kühner(2009: 37-38)에 따르면, 퍼지셋 접근법의 가장 중요한 장점은 실제의 다양성 정도를 인위적으로 생략하거나 가릴 필요성이 없다는 점이다. 두 번째 장점은 복잡하고 때로는 갈등적인 구성 요소들에 기초하여 국가를 분류하거나 다양한 측면들을 동시에 분석할 수 있다. 아울러 퍼지셋 분석 기법은 양적인 데이터 값과 중요 개념에 대한 질적인 서술자(descriptor) 간의 연결을 고려하게 함으로써 양적 접근과 질적 접근의 가교 역할을 수행한다.

8) 퍼지셋의 기본적인 아이디어는 멤버십 점수를 수치화하여 부분적 또는 퍼지 멤버십

〈표 4-2〉 퍼지셋 점수

xi=1	Fully in(집합에서 완전히 속해 있음)
0.5<xi<1	Degrees of membership more 'in' than 'out'(속해 있지 않기보다는 속해 있음)
xi=0.5	Crossover point(분기점)
0<xi<0.5	Degrees of membership more 'out' than 'in'(속해 있기 보다는 속해 있지 않음)
xi=0	Fully out(집합에서 완전히 속해 있지 않음)

출처: Ragin(2000: 156).

조합한 기법으로 0과 1은 질적인 평가이고, 0과 1사이의 값은 부분적인 멤버십을 의미하며, 0.5는 질적인 판단 위치로써 집합에 완전히 속할지 속하지 않을지 여부를 판단하는 데 가장 추상적인 위치를 의미한다(Rihoux and Ragin, 2009: 89).

본 연구에서는 이와 같은 퍼지셋 기법을 활용하여 각국의 사회자본(Social Capital: SC)과 경제발전(Economic Development: ED) 수준을 파악하고 이 두 가지 기준을 활용하여 양자의 관계를 총 네 가지 형태로 유형화하였다. 우선 첫 번째 유형인 SC-ED Type A는 사회자본 수준과 경제발전 수준이 모두 높은 경우를 의미하며, SC-ED Type B는 사회자본 수준은 높으나 경제발전 수준은 높지 않은 경우를 의미한다. SC-ED Type C는 사회자본 수준은 높지 않으나 경제발전 수준은 높은 경우를 의미하며, SC-ED Type D는 사회자본 수준과 경제발전 수준이 모두 높지 않은 경우를 의미한다. 〈그림 4-1〉은 구체적으로 퍼지셋 이상형 분석에 기초하여 각국의 사회자본과 경제발전 수준의 관계를 유형화하여 나타낸 산점도를 의미한다.

〈그림 4-1〉에 따르면 주로 SC-ED Type A와 SC-ED Type D의 유형에 많은 나라들이 분포하고 있음을 알 수 있으며, 사회자본 수준

등으로 유형화하는 것이다(Rihoux and Ragin, 2009).

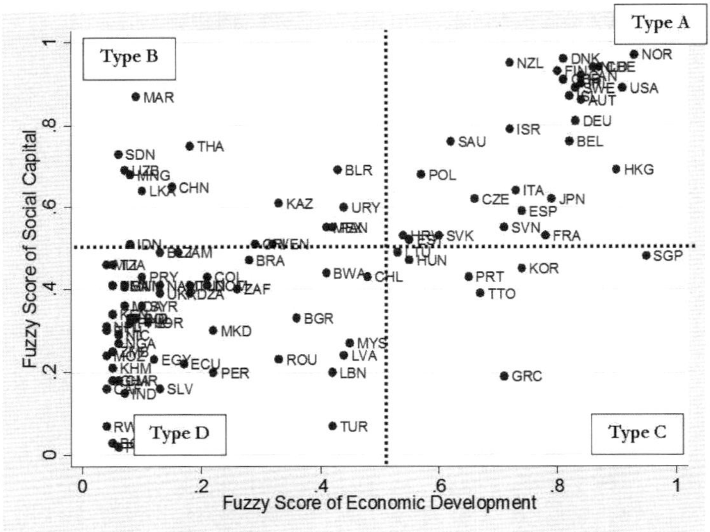

〈그림 4-1〉 퍼지셋 점수를 활용한 사회자본과 경제발전의 관계에 관한 산점도

은 낮으나 경제발전 수준은 높은 유형에 해당하는 SC-ED Type C의 경우는 몇몇 나라들만 분포하고 있음을 알 수 있다. 제3장에서 인적자본, 물적자본, 지식자본, 기업가정신자본 등과 같은 개별 국가들의 특성들이 통제된 조건에서 사회자본과 경제발전 간에는 정(+)의 관계가 존재함을 제시하였다. 그렇지만 본 연구에서는 인적자본, 물적자본, 지식자본, 기업가정신자본 이외의 개별 국가들이 지니고 있는 특성들에 따른 사회자본과 경제발전의 관계 분석에 대해서는 연구의 한계상 구체적으로 언급하지 않으며, 이에 대한 분석은 후속 연구로 남겨 두고자 한다. 그렇다면 다음에서는 본 연구의 목적에 해당하는 사회자본과 경제발전의 관계 유형과 정부의 질 간의 관계를 분석하기 위한 구체적인 분석모형에 대해서 살펴보자.

2. 분석모형

본 연구에서는 사회자본과 경제발전의 관계를 유형화한 뒤 각 유형이 각국의 정부의 질과 어떤 관련성을 맺고 있는지를 다양한 분석모형을 통해 살펴보고자 한다. 이를 위해서 본 연구에서는 구체적으로 다음의 네 가지 회귀분석 모형을 활용한다.

$$QOG = \alpha + \beta_1 SC + \beta_2 ED + \sum_{j=1}^{n} \beta_j P_j + \sum_{k=1}^{n} \beta_k E_k + \sum_{l=1}^{n} \beta_l S_l + \varepsilon \qquad \text{식(1)}$$

$$QOG = \alpha' + \beta_1' SC + \beta_2' ED + \beta_3' SC^* ED + \sum_{j=1}^{n} \beta_j' P_j + \sum_{k=1}^{n} \beta_k' E_k + \sum_{l=1}^{n} \beta_l' S_l + \varepsilon \qquad \text{식(2)}$$

$$QOG = \alpha'' + \sum_{i=1}^{n} \beta_i'' Type_i + \sum_{j=1}^{n} \beta_j'' P_j + \sum_{k=1}^{n} \beta_k'' E_k + \sum_{l=1}^{n} \beta_l'' S_l + \varepsilon'' \qquad \text{식(3)}$$

$$QOG = \alpha''' + \beta_1''' SC + \beta_2''' ED + \sum_{i=1}^{n} \beta_i''' Type_i + \sum_{j=1}^{n} \beta_j''' P_j + \sum_{k=1}^{n} \beta_k''' E_k + \sum_{l=1}^{n} \beta_l''' S_l + \varepsilon''' \qquad \text{식(4)}$$

식(1), 식(2), 식(3), 식(4)에서, QOG는 정부의 질을 나타내는 변수이며, 이것은 정부의 효과성, 법치주의, 불편부당성, 행정의 전문성 등으로 측정된다. SC는 사회자본을 의미하고, ED는 경제발전을 의미하며, $SC^* ED$는 사회자본과 경제발전의 상호작용을 나타내는 변수이다. $Type$은 사회자본과 경제발전의 관계를 퍼지셋 분석 기법을 활용해 네 가지 유형으로 구분하여 각 유형을 더미변수로 전환한 변수를 의미하고, P는 정치적 요인을 나타내는 변수들, E는 경제적 요인들, S는 사회·인구학적 요인들을 나타내는 변수들을 각각 의미한다. 마지막으로 α는 상수항, β는 각 변수들의 회귀계수값, ε는 오차항을 의미한다.

한편 앞에서 언급한 바와 같이 정부의 효과성, 법치주의, 불편부당성, 행정의 전문성을 각 모형에서 정부의 질을 나타내는 종속변수로 활용한다. 먼저 식(1)에서는 사회자본과 경제발전 변수들이 정부의 질을 설명하는 주요 변수들로 활용되었으며, 식(2)에서는 사회자본과 경제발전의 관계가 정부의 질에 미칠 수 있는 영향을 파악하기 위해 그들 간의 상호작용변수를 식(1)에 추가하였다. 특히 본 연구에서 사회자본과 경제발전의 관계를 유형화한 SC-ED 더미변수를 주요 설명변수로 활용하였으며, 식(3)과 식(4)에서는 이와 같은 더미변수들을 포함하여 사회자본과 경제발전의 관계가 정부의 질에 미치는 영향을 파악하고자 하였다.

아울러 본 연구에서는 정치, 경제, 사회·인구학적 요인들을 통제변수로 활용하여 각 모형에 포함하여 회귀분석을 실시하였는데, 그 이유는 선행 연구들(예: La Porta et al., 1999)에서 이와 같은 통제변수들이 정부의 질에 영향을 미칠 수 있다고 주장하였기 때문이다.

3. 분석 자료와 변수들

본 절에서는 지금까지 사회자본과 경제발전의 관계를 퍼지셋 분석기법을 적용해 유형화하고, 본 연구의 분석을 위한 분석모형에 대해서 비교적 구체적으로 논의하였다. 다음에서는 각국의 정부의 질을 설명하는 데 필요한 자료와 변수들 및 그 정의, 그리고 각 자료들의 출처에 대해서 설명한다.

먼저 본 연구는 주로 2010 Legatum Prosperity Index, World Bank Governance Matters project 자료, Quality of Government Institute

의 정부의 질 데이터, UNDP의 Human Development Report 자료 등을 활용하여 사회자본과 정부의 질의 관계를 분석한다. 특히 2010 Legatum Prosperity Index[9]는 89개의 변수들을 활용하여 만든 글로벌 지수인데, 크게 여덟 개의 하위지표들로 구성되어 있으며, 각각의 하위지표들은 국가 번영(prosperity)의 중요한 측면들 즉 경제, 창의적 기업가정신과 기회(entrepreneurship and opportunity), 거버넌스, 교육, 건강, 안전과 치안, 개인의 자유, 사회자본 등을 나타낸다. Legatum Prosperity Index의 중요한 특징 중의 하나는 사람들이 그들의 삶에 대해서 생각하는 인식뿐만 아니라 국가의 실제 성과를 측정하는 주관적인 데이터와 객관적인 데이터를 모두 활용한다는 점이다(Legatum Institute, 2010). 아울러 본 연구의 분석을 위해 필요한 국가별 사회자본 수준 측정을 위해서는 Prosperity Index의 하위지표 중의 하나인 국가별 사회자본지수를 활용하는데, 이 지수는 커뮤니티와 가족 네트워크뿐만 아니라 사회적 응집성과 사회적 관계를 측정한 것이다.

각국의 경제발전 수준은 UNDP가 산출한 1인당 GDP(PPP US$)를 활용하여 측정하는데, 이는 각국의 삶의 수준을 의미한다. 아울러 사회자본과 경제발전의 상호작용 변수는 퍼지셋 분석을 통해 산출된 네 가지 유형을 더미변수로 전환하여 본 연구에서 활용한다.

다음으로 각국 정부의 질을 측정하기 위해서는 World Bank가 매년 산출하는 정부 효과성지수(government effectiveness index)를 활용한다.

---

9) The Prosperity Index는 Wall Street Journal/Heritage Foundation의 경제적 자유지수(Index of Economic Freedom), World Economic Forum의 글로벌 경쟁력지수(Global Competitiveness Index), 글로벌 평화지수(Global Peace Index), World Bank의 거버넌스지수, 인간개별지수(Human Development Index), Freedom House의 자유지수(Freedom in the World Report) 등과 같이 다양한 지수들을 활용하여 만든 지수이다(Legatum Institute, 2010: 7).

비록 공공 부분의 효과성을 제대로 측정할 수 있는 측정 기준을 설정한다는 것이 어렵기는 하지만(Lee and Whitford, 2009), World Bank[10]는 1996년부터 212개국의 거버넌스 지표들(governance indicators)을 매년 산출하여 연구자들에게 상당히 유용한 정보를 제공하고 있다. 거버넌스 지표는 각국의 거버넌스와 관련된 6개의 차원을 측정하고 있는데, 본 연구에서는 그중에서 정부 효과성 지표와 법치주의 지표를 본 연구의 분석에 활용한다. 정부 효과성 지표는 건전한 정책을 집행할 수 있는 국가의 능력을 나타내는데, 이를 위해서는 공공서비스의 질, 공공서비스의 질과 그러한 서비스의 정치적 압력으로부터의 독립성 정도, 정책 형성과 집행의 질, 공공정책을 집행하는 정부에 대한 신뢰 등을 측정하였다. 구체적으로 각국 정부 효과성 지표는 -2.5에서 2.5점 사이에 분포하는데, 점수가 높을수록 정부의 효과성이 우수함을 나타낸다. 법치주의 지표는 사회 구성원들이 경찰과 법적 안전보장의 질뿐만 아니라 사유재산권, 경찰과 사법시스템 등을 존중하는 정도를 나타낸다.

본 연구에서는 정부의 효과성과 법치주의 이외에 정부의 질과 관련된 또 다른 측면들을 측정하기 위해 Quality of Government Institute (Teorell et al., 2011)가 산출한 불편부당성 지표(impartiality index)와 행정의 전문성 지표(professionalism index)를 활용한다. 불편부당성 지표는 정부 기관이 그들의 직권을 불편부당하게 행사하는 정도를 의미하며, 행정의 전문성 지표는 행정이 얼마나 (정치적인 성격이 아닌)전문성을 띠고 있는지 정도를 측정한 것이다.

UNDP는 1990년부터 Human Development Report를 발표하고

---

10) 이에 대한 보다 구체적인 내용은 World Bank Institute의 웹사이트를 참고하기 바란다(http://info.worldbank.org/governance/wgi/resources.htm).

있는데, 각 년도 보고서 내용에 의하면 대부분의 국가들의 생활수준이 점점 더 향상되고 있음을 알 수 있다. 그렇지만 2011년도 보고서에서는 만일 환경 파괴와 사회적 불평등이 계속 심화된다면 저개발국가들은 2050년까지 생활수준의 향상이라는 범지구적 패턴에서 점점 더 멀어질 것으로 예측하였다.[11] Human Development Report는 기대수명, 교육수준, 소득과 같은 지표들을 조합한 하나의 복합적인 인간개발 지표(Human Development Index, HDI)를 산출하였는데, 이를 통해 우리는 각국의 사회·경제적 개발 수준에 대한 정보를 제공해 줄 수 있는 하나의 통계데이터를 확보할 수 있게 되었다.[12] 본 연구에서는 HDI의 하위 지표 중에서 교육 지표(education index)를 활용하여 각국의 구성원의 교육수준을 측정하였다. 교육 지표는 각국의 25세 이상의 성인들이 평균적으로 받은 교육 기간의 평균과 학교에 재학 중인 학생들의 기대 교육 기간으로 측정된 지표이다. 평균 교육 기간은 교육의 각 단계별 교육 기간에 기초하여 추정한 기간을 의미한다(Barro and Lee, 2010).

본 연구에서 활용되는 통제변수로는 각국의 정부의 질에 영향을 미칠 수 있는 정치, 경제, 사회적 요인들이 있다. 먼저 정치적 요인에는 권력분립과 개인의 자유가 포함된다. 권력분립은 행정부, 입법부, 사법부의 독립성 측면에서의 경쟁력, 정부 선거의 규제, 정치적 참여 등으로 구성된 변수이다. 그리고 개인의 자유는 사회적 관용(individual freedom and social tolerance) 측면에서의 국가의 성과를 의미한다.

---

11) 이에 대한 보다 구체적인 내용은 UNDP의 웹사이트를 참고하기 바란다(http://hdr.undp.org/en/reports/global/hdr2011).

12) 인간개발지수(HDI)는 각 차원별(goalpost로 지칭함)로 최소값과 최대값을 설정하고, 각국은 이러한 차원에서 0과 1사이에 해당하는 값을 지니게 된다. 이에 대한 구체적인 설명은 홈페이지를 참고하기 바란다(http://hdr.undp.org/en/statistics/hdi).

〈표 4-3〉 변수 설명과 자료 출처

<table>
<tr><th colspan="2">변수</th><th colspan="2">설명</th><th>자료 출처</th></tr>
<tr><td rowspan="4">종속변수</td><td>효과성</td><td colspan="2">World Bank Governance Indicators(2009)의 Government Effectiveness Index; 정책 집행과 관련된 관료제의 효율성과 질, 정부의 안정성과 효과성 수준</td><td rowspan="2">World Bank1</td></tr>
<tr><td>법치주의</td><td colspan="2">World Bank Governance Indicators(2009)의 Rule of Law; 사회 구성원이 경찰과 법적 안전보장의 질뿐만 아니라 사유재산권, 경찰과 사법시스템 등을 존중하는 정도</td></tr>
<tr><td>불편부당성</td><td colspan="2">정부 기관이 그들의 직권을 불편부당하게 행사하는 정도</td><td rowspan="2">Teorell et al.(2011)</td></tr>
<tr><td>전문성</td><td colspan="2">행정이 얼마나 (정치적인 성격이 아닌)전문성을 띠고 있는지 정도; 값이 높을수록 전문성이 더 높을 것을 의미함</td></tr>
<tr><td rowspan="6">설명변수</td><td>사회자본 (SC)</td><td>사회자본</td><td>Social Capital Sub-index 점수; 커뮤니티와 가족 네트워크뿐만 아니라 사회적 응집성과 사회적 관계를 의미(2010년도 기준)</td><td>The Legatum Prosperity Index (2010)</td></tr>
<tr><td>경제발전 (ED)</td><td>1인당 GDP</td><td>2010년도 1인당 GDP(PPP US$)의 자연로그값</td><td>UNDP1</td></tr>
<tr><td rowspan="4">SC-ED 유형</td><td>Type A</td><td>1=Type A; 0=기타</td><td rowspan="4">퍼지셋 분석에 기초해 연구자가 직접 산출함</td></tr>
<tr><td>Type B</td><td>1=Type B; 0=기타</td></tr>
<tr><td>Type C</td><td>1=Type C; 0=기타</td></tr>
<tr><td>Type D</td><td>1=Type D; 0=기타</td></tr>
<tr><td rowspan="7">통제변수</td><td>권력분립</td><td colspan="2">2008년도 각국의 행정부·입법부·사법부 독립성에 있어서의 경쟁력 정도, 정부 선거에 대한 규제, 정치적 참여 등과 같은 요소들로 구성된 권력분립지표; 값이 높을수록 권력분립이 잘 되어 있음을 의미</td><td rowspan="2">The Legatum Prosperity Index (2010)</td></tr>
<tr><td>개인의 자유</td><td colspan="2">Personal Freedom Sub-index 점수; 개인의 자유와 사회적 관용 측면에서의 성과(2010년도 기준)</td></tr>
<tr><td>세율</td><td colspan="2">이윤에 대한 세율(%)(2010년도 기준)</td><td>World Bank1</td></tr>
<tr><td>근로자 1인당 물적자본</td><td colspan="2">각국의 평균 근로자 1인당 물적자본(PPP US$)의 가치에 대한 자연로그값(2008년도 기준)</td><td rowspan="2">The Legatum Prosperity Index (2010)</td></tr>
<tr><td>실업률</td><td colspan="2">실업자 비율(2008년도 기준)</td></tr>
<tr><td>총인구</td><td colspan="2">총인구의 자연로그값(2010년도 기준)</td><td>UNDP1</td></tr>
<tr><td>교육수준</td><td colspan="2">교육수준를 나타내는 Education Index(2010년 기준)</td><td>UNDP의 Human Development Indicators (HDI)</td></tr>
</table>

주: 데이터는 UNDP(http://hdr.undp.org)와 World Bank(http://rru.worldbank.org)의 공식 홈페이지에 제공되고 있는 데이터를 활용하였음.

경제적 요인에는 총세율, 근로자 1인당 물적자본 수준, 실업률이 포함된다. 총세율은 이유에 따른 세금의 비율을 의미한다. 근로자 1인당 물적자본 수준은 평균 근로자 1인당 물적자본 금액의 자연로그값으로 측정된다. 실업률은 전체 노동가능인구 중에서 실업자의 비율을 의미한다.

마지막으로 사회·인구학적 요인에는 총인구와 교육수준이 포함된다. 총인구[13] 변수는 각국의 전체 인구의 자연로그값을 의미하며, 교육수준은 UNDP에서 산출한 HDI 중에서 교육지수를 활용하여 측정한다.

〈표 4-3〉은 이상에서 논의한 본 연구의 분석에 활용되는 변수들 및 그 정의, 그리고 각 자료의 출처에 대한 설명을 비교적 간단히 기술한 표이다.

제4절 사회자본과 경제발전, 그리고 정부의 질의 관계

1. 기술통계분석

본 연구에서는 사회자본과 경제발전의 관계를 나타내는 SC-ED 유형과 정부의 질의 관계를 분석하기에 앞서 정부의 효과성, 법치주의, 불편부당성, 행정의 전문성 등과 같은 종속변수와 정치, 경제, 사회·인구학적 요인과 같은 통제변수, 그리고 사회자본, 경제발전, 사회자본과 경제발전의 관계를 유형화한 SC-ED 유형 등과 같은 설명변수

13) 총인구는 실질인구 개념에 기초하며, 법적인 지위나 시민권 소유 여부에 상관없이 모든 거주자의 수를 의미한다. 단, 이 경우에는 망명국에 영구적으로 정착하지 않은 난민은 제외하며, 총인구 수는 중간 년도 추정치(midyear estimates)를 의미한다.

〈표 4-4〉 기술통계량

변수	평균	표준편차	최소값	최대값
정부 효과성	0.266	0.977	-1.560	2.530
법치주의	0.144	1.002	-1.914	1.937
불편부당성	-0.039	0.752	-1.530	1.470
전문성	4.039	0.990	2.060	6.280
사회자본	0.001	1.806	-4.980	4.470
경제발전	9.027	1.142	6.560	10.860
SC-ED 유형				
Type A	0.283	0.453	0	1
Type B	0.152	0.360	0	1
Type C	0.061	0.240	0	1
Type D	0.505	0.503	0	1
정치적 요인				
권력분립	16.281	10.537	1.360	32.000
개인의 자유	0.020	1.926	-5.260	3.790
경제적 요인				
총세율	43.533	22.133	9.600	203.800
1인당 물적자본	10.219	1.310	6.570	12.120
실업률	10.457	12.945	0.800	80.000
사회 · 인구학적 요인				
총인구	16.585	1.493	12.670	21.010
교육수준	0.555	0.229	0.130	0.980

들에 관한 기술통계분석 결과를 살펴보고자 한다. 구체적으로 〈표 4-4〉는 각 변수에 관한 기술통계량을 제시한 표이다.

2. 회귀분석 결과

본 연구에서는 사회자본과 경제발전의 관계와 정부의 질 간의 관

〈표 4-5〉 회귀분석 결과 1: 정부의 질 모형

변수	정부 효과성 모형(1)		법치주의 모형(2)		불편부당성 모형(3)		전문성 모형(4)	
	회귀계수	t 값	회귀계수	t 값	회귀계수	t 값	회귀계수	t 값
사회자본(SC)	0.0768*	2.05	0.0873*	2.02	0.1192***	3.47	0.2004**	2.99
경제발전(ED)	0.0588	0.27	0.0054	0.02	0.1303	0.61	-0.3906	-0.94
정치적 요인								
권력분립	0.0377***	4.55	0.0255**	2.68	0.0217*	2.95	0.0080	0.49
개인의 자유	0.1665***	3.78	0.0694	1.37	0.0743	1.80	0.1257	1.56
경제적 요인								
총세율	-0.0037	-1.71	-0.0042	-1.68	-0.0047	-1.43	-0.0122	-1.91
1인당 물적자본	0.2195	1.12	0.3198	1.42	0.0311	0.17	0.3471	0.96
실업률	0.0023	0.48	0.0011	0.19	-0.0133	-1.67	0.0005	0.03
사회・인구학적 요인								
총인구	-0.0253	-0.75	0.0216	0.56	-0.0246	-0.70	0.1638*	2.38
교육수준	0.4842	0.96	-0.0235	-0.04	0.5296	-0.99	0.2829	0.27
상수	-1.8651*		-2.12		-3.7648***		-3.71	
R^2	0.8018		0.7575		0.7685		0.4812	
F 값	35.52***		27.42***		21.77***		6.08***	
사례수	89		89		69		69	

* P<0.05; ** P<0.01; and *** P<0.001. Two-tailed test.

계를 회귀분석을 통해 살펴보고자 하는데, 먼저 사회자본과 정부의 질의 관계에 관한 선험적 분석을 위해 사회자본을 설명변수로, 정부의 질을 종속변수로 한 회귀분석을 실시하였다. 구체적으로 〈표 4-5〉는 정부 효과성, 법치주의, 불편부당성, 전문성으로 구성된 정부의 질을 종속변수로 한 회귀분석 결과를 제시한 표이다.

〈표 4-5〉에 제시된 모든 분석모형들은 사회자본, 경제발전, 기타 통제변수들을 포함하고 있다. 구체적으로 모형(1)은 정부의 효과성에 관한 회귀분석 결과를 의미하는데, 사회자본은 95% 신뢰수준에서 정부의 효과성에 통계적으로 유의미한 정(+)의 영향을 미치는 것으로 나타났다. 따라서 모형(1)의 결과는 정부의 효과성에 영향을 줄 수

있는 다른 요인들을 통제한 상태에서 각국의 사회자본의 수준이 높을수록 정부의 효과성도 높다는 것을 보여 준다. 모형(1)의 분석 결과에 따르면, 권력분립과 개인의 자유도 정부의 효과성에 긍정적인 영향을 미치는 것으로 나타났다.

모형(2), 모형(3), 모형(4)의 결과는 각각 법치주의, 불편부당성, 행정의 전문성에 관한 회귀분석 결과를 나타내는데, 사회자본은 모형(1)의 결과와 마찬가지로 법치주의, 불편부당성, 행정의 전문성에 통계적으로 유의미한 정(+)의 영향을 미치는 것으로 나타났다. 따라서 〈표 4-5〉에 제시된 회귀분석 결과들은 사회자본과 정부의 질에 정(+)의 관련성이 있음을 잘 보여주고 있다. 더 나아가 모형(2)와 모형(3)의 결과에 따르면, 권력분립 변수는 법치주의와 불편부당성에 통계적으로 유의미한 정(+)의 영향을 미치는 것으로 나타났다.

〈표 4-6〉에 제시된 회귀분석 결과는 사회자본과 경제발전의 상호작용 변수를 분석모형에 포함하여 분석한 결과이다. 모형(1)과 모형(2)의 분석 결과에서 사회자본이 정부 효과성과 법치주의에 통계적으로 유의미한 정(+)의 영향을 미치고 있음을 알 수 있다. 이와 같은 결과는 분석에 포함된 정치, 경제, 사회·인구학적 요인들이 통제된 상태에서 정부의 효과성은 사회자본 수준이 높을수록 더 높음을 보여준다.

〈표 4-6〉에서는 사회자본과 경제발전의 상호작용 변수와 정부의 질과의 관계도 보여준다. 즉, 모형(1)과 모형(2)의 회귀분석 결과는 사회자본과 경제발전의 상호작용이 정부의 효과성과 법치주의로 측정된 정부의 질에 통계적으로 유의미한 정(+)의 영향을 미치고 있음을 보여 준다.

모형(4)의 분석 결과는 또한 사회자본과 경제발전의 상호작용이 행

〈표 4-6〉 회귀분석 결과 2: 사회자본과 경제발전 간의 상호작용을 포함한 정부의 질 모형

변수	정부 효과성 모형(1)		법치주의 모형(2)		불편부당성 모형(3)		전문성 모형(4)	
	회귀계수	t 값	회귀계수	t 값	회귀계수	t 값	회귀계수	t 값
사회자본(SC)	0.5594*	2.60	0.7447**	3.02	-0.1828	-0.74	-0.9101	-1.96
경제발전(ED)	0.3259	1.60	0.0309	0.13	0.1545	0.72	-0.3016	-0.75
SC-ED 간의 상호작용(SC*ED)	0.0698**	3.02	0.0906***	3.42	0.0324	1.34	0.1191*	2.41
정치적 요인								
권력분립	0.0157*	1.99	0.0216*	2.39	0.0211*	2.53	0.0061	0.39
개인의 자유	0.0205	0.48	0.0236	0.48	0.0554	1.27	0.0563	0.68
경제적 요인								
총세율	-0.0035	-1.71	-0.0036	-1.52	-0.0030	-0.84	0.0059	-0.89
1인당 물적자본	0.1604	0.86	0.3715	1.75	0.0207	0.11	0.3088	0.89
실업률	0.0051	1.12	0.0027	0.52	-0.0108	-1.32	0.0097	0.63
사회 · 인구학적 요인								
총인구	0.0111	0.35	0.0041	0.11	-0.0333	-0.93	0.1317	1.95
교육수준	-0.0953	-0.20	0.0165	0.03	-0.4379	-0.81	0.6197	1.61
상수	-4.7061***	-5.57	-4.3439***	-4.49	-1.1769	-1.20	0.8042	0.44
R^2	0.8177		0.7891		0.7745		0.5285	
F 값	34.98***		29.19***		19.92***		6.50***	
사례수	89		89		69		69	

* P<0.05; ** P<0.01; and *** P<0.001. Two-tailed test.

정의 전문성에도 긍정적인 영향을 미치고 있음을 보여주고 있다. 따라서 사회자본과 경제발전 수준이 증가할수록 행정의 전문성도 증가한다고 볼 수 있다.

본 장의 연구 방법 파트에서 설명한 바와 같이 본 연구는 사회자본과 경제발전의 관계를 퍼지셋 이상형 분석을 활용하여 네 가지 유형(SC-ED 유형)으로 구분하였는데, 〈표 4-7〉은 네 가지 유형과 정부의 질의 관계를 회귀분석한 결과를 나타내고 있다.

〈표 4-7〉은 사회자본과 경제발전의 관계를 퍼지셋 분석을 활용하

〈표 4-7〉 회귀분석 결과 3: SC-ED 유형을 포함한 정부의 질 모형

변수	정부 효과성 모형(1)		법치주의 모형(2)		불편부당성 모형(3)		전문성 모형(4)	
	회귀계수	t 값	회귀계수	t 값	회귀계수	t 값	회귀계수	t 값
SC-ED 유형								
Type A	0.7428***	3.90	0.8351***	3.89	0.4024*	2.07	1.0805**	2.97
Type B	-0.0280	-0.20	-0.1173	-0.74	0.1282	0.88	0.5541*	2.04
Type C	0.4206	1.87	0.4008	1.58	-0.1147	-0.45	0.8327	1.75
정치적 요인								
권력분립	0.0116	1.42	0.0164	1.78	0.2010*	2.36	-0.0049	-0.29
개인의 자유	0.0682	1.66	0.0654	1.41	0.0929*	2.15	0.1894*	2.35
경제적 요인								
총세율	-0.0042*	-2.07	-0.0045	-1.97	-0.0045	-1.28	-0.0136*	-2.07
1인당 물적자본	0.3036***	3.48	0.2524*	2.56	0.1159	1.06	-0.0391	-0.19
실업률	0.0009	0.21	-0.0007	-0.14	-0.0145	-1.71	0.0004	0.03
사회 · 인구학적 요인								
총인구	0.0263	0.84	0.0154	0.44	-0.0262	-0.72	0.1378*	2.02
교육수준	-0.2082	-0.44	-0.1509	-0.28	-0.3450	-0.61	-0.0653	-0.06
상수	-3.4162***	-4.01	-2.9103**	-3.03	-0.9158	-0.85	2.2144	1.10
R^2	0.8235		0.7767		0.7514		0.4867	
F 값	36.40***		31.60***		17.53***		5.50***	
사례수	89		89		69		69	

* P<0.05; ** P<0.01; and *** P<0.001. Two-tailed test.

여 유형화한 뒤, 네 가지 유형(SC-ED 유형)을 산출하여 각 유형과 정부의 질의 관계를 회귀분석한 결과를 제시한 표이다. 정부 효과성에 관한 모형(1)의 분석 결과에 따르면, 사회자본과 경제발전 수준이 모두 높은 국가에 해당하는 Type A는 정부의 효과성에 99%의 신뢰수준에서 통계적으로 유의미한 정(+)의 관련성을 지니고 있다. 따라서 분석모형에 포함된 정치, 경제, 사회 · 인구학적 요인들을 통제한 상태에서 사회자본과 경제발전 수준이 모두 높은 국가들은 정부의 효과성도 높음을 알 수 있다.

아울러, 모형(2), 모형(3), 모형(4)의 회귀분석 결과에 따르면, Type A는 법치주의, 불편부당성, 행정의 전문성과도 통계적으로 유의미한 정(+)의 관련성을 지니고 있다. 또한 모형(4)의 결과에 따르면, 사회자본 수준은 높으나 경제발전 수준은 높지 않은 국가에 해당하는 Type B는 행정의 전문성과도 정(+)의 관련성을 지니고 있음을 알 수 있다. 이를 통해 우리는 사회자본이 행정의 전문성에 중요한 요인임을 알 수 있다.

한편 〈표 4-6〉의 분석 결과와 〈표 4-7〉의 분석 결과를 비교해 보면 흥미로운 사실을 발견할 수 있다. 〈표 4-6〉에서는 사회자본과 경제발전의 상호작용 변수가 불편부당성에 정(+)의 영향을 미치기는 하지만 회귀계수값이 통계적으로 유의미하지는 않다. 그렇지만 〈표 4-7〉의 모형(3)의 결과는 사회자본과 경제발전 수준이 모두 높은 유형에 속하는 Type A는 95% 신뢰수준에서 불편부당성과 통계적으로 유의미한 정(+)의 관련성을 지니고 있음을 보여 준다. 즉 사회자본과 경제발전 수준이 모두 높을수록 행정의 불편부당성이 높다. 따라서 이와 같은 분석 결과의 비교를 통해 사회자본과 경제발전의 관계가 불편부당성에 미치는 영향은 사회자본과 경제발전의 관계를 어떻게 측정하느냐에 따라 다르다는 것을 알 수 있다. 이처럼 본 연구에서 사회자본과 경제발전의 관계를 탐색하기 위해 채택한 퍼지셋 이상형 분석은 사회자본과 경제발전이 정부의 질에 미치는 영향을 다양하게 분석하는 데 상당히 유용함을 〈표 4-6〉과 〈표 4-7〉을 통해 알 수 있다.

〈표 4-8〉은 〈표 4-7〉의 분석모형에 포함된 변수에 사회자본과 경제발전 수준 변수를 추가하여 회귀분석한 결과를 나타낸 표이다. 〈표 4-8〉의 분석 결과에 따르면, 정부의 효과성, 법치주의, 행정의 전문성을 종속변수로 한 회귀분석 결과는 Type A가 통계적으로 유의미

〈표 4-8〉 회귀분석 결과 4: SC-ED 유형, 사회자본, 경제발전을 모두 고려한 정부의 질 모형

변수	정부 효과성 모형(1)		법치주의 모형(2)		불편부당성 모형(3)		전문성 모형(4)	
	회귀계수	t 값	회귀계수	t 값	회귀계수	t 값	회귀계수	t 값
SC-ED 유형								
Type A	0.5397*	2.60	0.6362**	2.68	0.1609	0.79	0.8307*	2.12
Type B	-0.2088	-1.31	-0.2975	-1.63	-0.1396	-0.83	0.2687	0.83
Type C	0.3718	1.68	0.3848	1.52	-0.1120	-0.46	0.8291	1.78
사회자본(SC)	0.0849*	2.01	0.0938	1.95	0.1208**	2.78	0.1517	1.82
경제발전(ED)	0.2862	1.45	-0.0104	-0.05	0.1236	0.57	-0.4535	-1.10
정치적 요인								
권력분립	0.0114	1.43	0.0172	1.89	0.0207*	2.40	-0.0008	-0.05
개인의 자유	0.0345	0.81	0.0376	0.77	0.0559	1.30	0.1533	1.85
경제적 요인								
총세율	-0.0040*	-2.00	-0.0041	-1.80	-0.0033	-0.99	-0.0127	-1.97
1인당 물적자본	0.0618	0.35	0.2432	1.19	0.0091	0.05	0.2657	0.74
실업률	0.0027	0.62	-0.0004	-0.08	-0.1496	-1.85	-0.0023	-0.15
사회 · 인구학적 요인								
총인구	0.0233	0.75	0.0198	0.56	-0.0299	-0.85	0.1532*	2.25
교육수준	-0.2528	-0.54	-0.1536	-0.29	-0.5737	-1.05	-0.1280	-0.12
상수	-3.3951***	-4.04	-2.7438**	-2.86	-0.6698	-0.64	3.0374	1.51
R^2	0.8359		0.8116		0.7823		0.5264	
F 값	32.26***		27.28***		16.77***		5.19***	
사례수	89		89		69		69	

* P<0.05; ** P<0.01; and *** P<0.001. Two-tailed test.

한 변수임을 보여 준다. 즉 분석모형에 포함된 정치, 경제, 사회·인구학적 변수들을 통제한 상태에서 사회자본과 경제발전 수준이 모두 높은 국가일수록 정부는 효과적이고, 개인은 사유재산권, 경찰 및 사법 시스템을 존중하며, 행정은 전문성을 띠고 있음을 알 수 있다.

이상에서의 논의를 종합해 보면, 먼저 사회자본과 정부의 효과성 간의 관계는 사회자본과 경제발전 변수들을 분석모형에 포함 여부에

상관없이 양자는 정(+)의 관련성이 있음을 알 수 있다.

다음으로 〈표 4-8〉에 제시된 불편부당성에 관한 회귀분석 결과는 네 가지 유형 모두 불편부당성과 통계적으로 유의미한 관련성을 지니지 못함을 보여 준다. 이러한 결과는 〈표 4-7〉에 제시된 결과와 다르다. 즉 〈표 4-7〉에 제시된 결과에서는 Type A가 행정의 불편부당성과 통계적으로 유의미한 정(+)의 관련성을 맺고 있는데, 〈표 4-8〉에서는 그렇지 못하다. 그러나 〈표 4-8〉에서처럼 다른 정치, 경제, 사회·인구학적 요인들처럼 사회자본 변수를 또 하나의 통제변수로 분석모형에 포함할 경우, 사회자본은 불편부당성에 통계적으로 유의미한 긍정적인 영향을 미치는 것으로 나타났다. 이러한 분석 결과들은 사회자본과 경제발전의 관계 유형이 동일한 경우에도 사회자본이 불편부당성에 미치는 영향이 국가별로 다양함을 잘 보여 준다(예: Knack, 2002).

마지막으로 본 연구에서의 분석 결과는 사회자본이 정부의 질에 미치는 영향을 다양하게 보여주지만 국가수준에서 수행되었던 선행연구들의 결과와는 다른 분석 결과들도 제시하였다. 이와 관련하여 Carvalho et al.(2006)에 따르면, 정부의 질에 대한 국가 간 비교연구는 연구자에 따라 서로 다른 데이터와 분석 방법, 변수 정의 때문에 상당한 어려움이 있음을 제기하였다. 따라서 정부의 질에 영향을 미칠 수 있는 다양한 요인들이 실제로 정부의 질에 미치는 영향은 비일관적일 수 있음을 주목할 필요성이 있다.

본 연구의 분석 방법은 또한 선행 연구(예: Putnam, 1993a, 1993b; Rice and Sumberg, 1997; Knack, 2002)의 분석 방법과 차이가 있다. 즉 본 연구에서는 사회자본과 경제발전의 관계를 분석하여 유형화하고, 그러한 각 유형을 정부의 질을 설명하는 데 포함하여 사회자본과 정부의 질의 관계를 실증적으로 분석하였다. 아울러 본 연구의 분석 결과들은 지금까지 선행 연구에서는 보여 주지 못했던 사회자본과 정부의 질의 관계의 다양한 측면을 실증적으로 보여주었다. 그렇기 때문에 향후 사회자본과 정부의 질의 관계를 보다 폭넓게 이해하기 위해서는 사회자본과 경제발전의 관계 및 양자 간의 상호작용 효과를 분석모형에 고려할 필요성이 있다.

제5절 소결

본 연구는 사회자본과 경제발전의 관계의 다양한 유형이 정부의 질에 미치는 영향을 88개국을 대상으로 실증적으로 분석하였다. 먼저, 퍼지셋 이상형 분석을 통해, 본 연구는 사회자본과 경제발전의 관계를 네 가지 유형(SC-ED Types)으로 구분하였다. 커뮤니티와 가족 네트워크뿐만 아니라 시민사회 구성원의 사회적 응집성과 참여 등으로 정의되는 사회자본은 국가수준에서 정부의 질에 중요한 영향을 미치는 것으로 나타났다. 즉 사회자본과 경제발전 변수들이 유형화 모형을 통해 Type A, B, C, D 네 가지 유형으로 구분되었는데, 각 유형들이 정부의 질에 미치는 영향은 서로 다르게 나타났다.

본 연구의 주요 분석 결과를 정리하면 다음과 같다. 먼저 사회자본은 정부의 효과성, 법치주의, 불편부당성, 행정의 전문성 등으로 측정된 사회자본의 질에 긍정적인 영향을 미치는 것으로 나타났다. 사회자본과 경제발전의 상호작용은 95% 신뢰수준에서 정부의 효과성, 법치주의, 전문성 등에 통계적으로 유의미한 정(+)의 효과를 미치는 것으로 나타났다. 이러한 분석 결과는 사회자본과 경제발전 수준이 상승하면 정부의 효과성, 법치주의, 행정의 전문성 수준이 상승하는 것을 의미한다.

퍼지셋 이상형 분석에 의하면, 사회자본과 경제발전 수준이 모두 높은 유형에 속하는 Type A는 정부의 효과성, 법치주의, 불편부당성, 행정의 전문성과 통계적으로 유의미한 정(+)의 관련성을 지니는 것으로 나타났다. 사회자본의 수준은 높으나 경제발전 수준은 낮은 유형에 속하는 Type B는 행정의 전문성과 통계적으로 유의미한 정(+)의 관련성을 지니는 것으로 나타났다. 이러한 분석 결과들은 정부의 효과성, 법치주의, 불편부당성, 행정의 전문성 등과 같은 요소들이 혼합된 정부의 질 개념에 대한 이질적인 측정 지표의 사용에 대해 연구자들이 추후에 좀 더 많은 논의를 해야 할 필요성을 제기한다. 아울러 사회자본이 정부의 질에 미치는 영향은 각국의 경제발전 수준에 따라 달라질 수 있음을 잘 보여 준다.

분석 결과들에 대한 논의가 시사하는 중요한 논점 중의 하나는 향후 연구자들이 사회자본이 정부의 질에 미치는 영향을 분석할 때 조심스럽게 접근해야 한다는 점이다. 본 연구를 포함한 선행 연구들의 실증분석 결과에 따르면, 사회자본이 경제발전에 긍정적인 요인으로 작용하고 있음을 알 수 있다. 그렇기 때문에 사회자본과 정부의 질의 관계를 논의할 때에는 사회자본과 경제발전의 상호작용을 고려할 필요성이 있다. 특히 본 연구의 분석 결과와 같이 사회자본과 경제발전의 관계가 정부의 질에 미치는 영향, 즉 사회자본과 경제발전 수준이 모두 높은 국가일수록 사회자본과 경제발전 수준이 모두 낮은 국가에 비해 정부의 질적 수준이 높은 것으로 나타난 것처럼 사회자본과 정부의 질의 관계에 관한 논의에서 경제발전 개념은 상당히 중요한 요인임을 알 수 있다. 그럼에도 불구하고 최근까지 사회자본과 정부의 질의 관계를 논의한 선행 연구들은 사회자본과 경제발전의 이러한 상호작용을 실증분석에서 고려하지는 못했다는 한계가 존재한다.

아울러 사회자본은 하나의 이질적인 개념이며, 사회자본의 다차원적인 속성들은 언제나 정부의 질에 동일한 형태로 영향을 주지는 않는다. 그렇기 때문에 향후 연구자들은 사회자본을 구성하는 핵심 구성 요소들이 정부의 질에 미치는 영향에 대해서도 구체적으로 논의할 필요성이 있다.

마지막으로 본 연구에서는 사회자본이 경제발전에 영향을 미친다고 가정하였지만 사회자본과 경제발전의 관계는 본 연구에서 가정한 관계의 역도 성립할 수 있다는 점을 후속 연구에서 고려할 필요성이 있다. 실제로 Rothstein(2011)은 정부의 질이 사회자본에 영향을 미칠 수 있음을 주장한다. 따라서 향후 연구자들은 사회자본과 정부의 질의 관계를 논의할 때 양자의 인과관계를 좀 더 구체적으로 논의할 필요성이 있다.

제5장 결 론

제1절 연구 결과의 요약
제2절 정책적 함의
제3절 후속 연구를 위한 제언

제5장 결 론

제1절 연구 결과의 요약

오늘날 우리는 지식정보화사회에 살고 있다. 지식정보화사회에서 사람들은 자신의 경제적 활동의 성과와 질적 향상을 위해 많은 노력을 하고 있으며, 학자들은 무엇이 그러한 성과와 질적 향상을 가져올 수 있는지 그 요인들을 탐색하는 논의를 많이 하고 있다. 지금까지의 논의들은 인적 요인의 성과가 높으면 경제적 성과가 높다는 점에 착안하여 인간의 행태에 관한 정치적, 경제적, 사회학적 모형들을 활용하여 인간 활동의 성과 향상에 기여하는 요인들을 찾고자 노력하였다. 그러나 이러한 이론과 모형들은 종종 다른 지역이나 국가의 개별 행위자들 간의 성과의 현저한 차이를 제대로 설명하지는 못했다. 사회자본론자들은 이와 같은 기존의 패러다임의 한계를 극복하고자 지식정보화사회에서 인간의 생산성 차이를 설명하는 데 사회자본이라는 개념을 도입하였다. 그러나 사회자본의 개념적 복잡성은 하나의 일관된 사회자본 측정 지표를 산출하는 것을 어렵게 만들었다. 이와 같은 어려움에도 불구하고, 사회자본은 특히 지식의 창출과 전달이 중요시되는 지식정보화사회에서 창의적 기업가정신이나 혁신, 경제발전 그리고 더 나아가 정부의 질 등을 설명하는 데 중요한 개념으로 활용되고 있다.

본 연구는 지식정보화사회에서 사회자본의 역할을 설명하고 경험적, 실증적으로 검증함으로써 사회자본에 관한 선행 연구에 조금이나마 기여하고자 한다. 특히 본 연구의 결과는 공공정책, 경제학, 사회학 분야에서 몇 가지 기여를 할 수 있을 것으로 판단된다. 아울러 본 연구는 사회자본과 경제발전, 사회자본과 정부의 질의 관계에 관한 전통적인 개념에서 탈피하여 좀 더 다양한 분석모형들을 활용하여 사회자본이 경제발전과 정부의 질에 미치는 영향을 실증적으로 분석하였다.

실증분석에 앞서 사회자본이론, 창의적 기업가정신이론, 혁신이론, 내생적 경제성장이론 등을 검토하여 본 연구의 분석모형 설정에 활용하였으며, 주요 분석 결과를 요약하면 다음과 같다.

먼저 사회자본과 경제발전의 관계에 관한 것이다. 신고전적 경제성장이론이 등장한 이후 경제발전에 관한 논의는 물적자본에 대한 투자와 값싼 노동력에 대한 접근성 강화 등을 중심으로 이루어졌다가 인적자본과 내생적 경제성장론자들의 주장에 대한 관심의 증가 이후 자연스럽게 경제발전을 위한 지식자본과 교육에 대한 투자의 중요성을 강조하기 시작했다. 그러나 이와 같은 접근법들은 경제발전과 성장의 변이와 다양성을 충분히 설명하지 못하였고, 그 결과 '솔로우 잔차(Solow Residual)' 문제는 여전히 중요한 이슈로 남아 있었는데, 비교적 최근 들어 창의적 기업가정신이론가들이 기업가정신이 경제적 성과 향상에 긍정적인 영향을 미친다고 주장하기 시작하였고, 적어도 기업가정신이 '솔로우 잔차'의 일부분을 설명할 수 있다고 강조했다. 그러나 또 다른 이론들은 창의적 기업가정신이 인적자본이나 지식자본과의 상호작용 없이는 경제적 성과에 유의미한 영향을 주지는 못한다고 주장하면서, 사회자본이라는 개념이 국가 수준에서의 경제발전을 논의하는 데 매우 중요시되기 시작하였다. 본 연구에서는 사회자본과 관련된 논의를 좀 더 발전시켜 사회자본과 경제발전의 관계를 국가수준에서 분석하였으며, 사회자본을 일반적으로 적용 가능한 개념으로 활용하고자 노력하였다. 본 연구에서 도출된 분석 결과들은 사회자본이 경제발전에 긍정적인 역할을 수행한다는 점을 실증적으로 뒷받침하고 있다. 구체적으로 살펴보면, 본 연구의 분석 결과들은 사회자본이 물적자본과 같이 기존의 중요한 요인들과 더불어 경제발전에 긍정적인 기여를 하고 있음을 보여 준다. 그렇지만 본 연구에서는 기업가정신자본과 사회자본 간의 상호작용이 경제발전에 부정적인 효과를 미치는 분석 결과도 도출되었다. 따라서 후속 연구에서는 사회자본이 경제발전의 원동력이 될 수 있는 다른 요인들과 어떻게 상호작용하는지에 대한 검토가 명확하게 이루어질 필요성이 있다.

다음으로 사회자본과 정부의 질의 관계에 관한 것이다. 본 연구의 분석 결과에서는 사회자본은 정부의 효과성, 법치주의, 불편부당성, 행정의 전문성 등으로 측정된 사회자본의 질에 긍정적인 영향을 미치는 것으로 나타났다. 사회자본과 경제발전의 상호작용은 95% 신뢰수준에서 정부의 효과성, 법치주의, 전문성 등에 통계적으로 유의미한 정(+)의 효과를 미치는 것으로 나타났다. 이러한 분석 결과는 사회자본과 경제발전 수준이 상승하면 정부의 효과성, 법치주의, 행정의 전문성 수준이 상승하는 것을 의미한다.

퍼지셋 이상형 분석에 의하면, 사회자본과 경제발전 수준이 모두 높은 유형에 속하는 Type A는 정부의 효과성, 법치주의, 불편부당성,

행정의 전문성과 통계적으로 유의미한 정(+)의 관련성을 지니는 것으로 나타났다. 사회자본의 수준은 높으나 경제발전 수준은 낮은 유형에 속하는 Type B는 행정의 전문성과 통계적으로 유의미한 정(+)의 관련성을 지니는 것으로 나타났다. 이러한 분석 결과들은 정부의 효과성, 법치주의, 불편부당성, 행정의 전문성 등과 같은 요소들이 혼합된 정부의 질 개념에 대한 이질적인 측정 지표의 사용에 대해 연구자들이 추후에 더 많은 논의를 해야 할 필요성을 제기하고 있다. 아울러 사회자본이 정부의 질에 미치는 영향은 각국의 경제발전 수준에 따라 달라질 수 있음을 잘 보여 준다.

결과적으로 본 연구의 분석 결과들은 국가수준에서 사회자본은 각국의 경제발전과 정부의 질적 향상에 긍정적인 기여를 하고 있음을 나타낸다. 아울러 사회자본은 경제발전과의 상호작용을 통해 정부의 질적 향상에도 긍정적인 기여를 하고 있음을 본 연구의 실증분석을 통해 뒷받침되고 있다.

제2절 정책적 함의

본 연구는 사회자본과 경제발전의 관계, 사회자본과 정부의 질의 관계를 실증적으로 분석하였으며, 그 결과 사회자본은 경제발전과 정부의 질적 향상에 긍정적인 요인으로 작용하고 있음을 알 수 있었다. 이와 같은 분석 결과들이 시사하는 바는 매우 다양하다. 먼저, 지식정보화사회에서 각국의 경제발전과 정부의 질적 향상을 위해서는 높은 수준의 사회자본을 형성하고 유지할 수 있는 다양한 정책이 필요하다는 것이다. 이미 언급한 바와 같이 사회자본은 경제적 측면에서 물적자본, 인적자본, 지적자본과 더불어 개인과 사회 발전을 위한 또 하나의 경제적 가치를 지니는 자본으로 간주되고 있다. 사회자본은 적극적이고 활발한 공동체 구성원의 관계(네트워크) 형성을 통해 구성원을 결집하고, 이를 토대로 공동체 문제를 해결함과 동시에 구성원 개개인의 행복 증진과 욕구 충족을 촉진시키는 매개 역할을 수행한다. 그러기 위해서는 공동체 구성원 각자가 시민의식을 지녀야 하며, 구성원 간의 관계 형성은 서로에 대한 신뢰를 바탕으로 이루어져야 한다. 즉 사회자본의 기본 가정은 공동체 구성원 각자가 문제해결을 위해 적극적으로 참여하고 그들이 상호 신뢰에 기초한 네트워크를 형성하여 서로 대화하고 협력하면 그 공동체가 직면한 문제들은 대부분 해결될 것이며, 구성원 각자의 행복 증진과 만족도 향상이 촉진될 것이다. 이 과정에서 공동체 구성원 간의 약속과 규범이 지켜져야 하며, 사익보다는 공익을 우선시하여야 한다. 또한 이 경우 공동체는 가족이 될 수도 있고, 학교나 직장, 각종 사회단체나 조직, 지역사회 및 국가가 될 수도 있다. 따라서 정부는 사회자본의 기본 가정들이 충족될 수 있도록 그 기반을 확립하는 정책적 노력을 기울일 필요성이 있다.

다음으로 개인과 사회 발전에 필요하고 유용한 전문 지식과 정보의 생산, 소유, 전달이 중요시되는 오늘날과 같은 지식정보화사회에서 사회자본의 역할이 특히 강조되고 있다는 면에서 정부는 다양한 영역에서 사회자본의 긍정적 역할이 발휘되도록 정책적 노력이 필요하다. 특히 오늘날 혁신이나 창의적 기업가정신의 발휘가 원활히 이루어질 수 있도록 하기 위해서는 관련 분야의 협력이나 네트워크 구축이 중요하며, 협력적 네트워크 구축은 결국 그 분야의 사회자본이 될 수 있다는 점을 인식할 필요성이 있다.

셋째, 높은 수준의 사회자본을 형성하기 위해서는 커뮤니티, 지역, 사회 속에서 문화적 개방성과 다양성을 좀 더 높일 수 있는 방향으로 정부 정책을 수립해 나갈 필요성이 있다. 문화적 개방성은 개인에게 다양한 사회적 네트워크 활동에 참여할 수 있는 기회와 그들의 문화적 커뮤니케이션을 통한 경제활동에 필요하고 유용한 정보를 더 많이 제공할 수 있다. 따라서 이러한 정부의 노력은 궁극적으로 사회 네트워크의 확대와 심화에 기여할 것이며, 커뮤니케이션과 지식의 확산을 촉진하여 궁극적으로는 높은 수준의 경제발전을 가져올 수 있을 것이다.

넷째, 정부의 부패는 경제발전과 정부의 질적 향상을 저해한다. 그리고 사회자본의 중요한 하위 구성 요소이기도 하다. 따라서 정부는 사회 전체적인 부패의 척결을 위해 많은 정책적 노력을 기울여야 한다. 부패의 만연은 많은 감시비용과 거래비용을 수반하고, 사회적으로도 일반적, 제도적 신뢰 수준을 떨어뜨린다. 뿐만 아니라 지속적이고 만연한 뇌물 수수 행위는 사회자본의 축적을 가로막는다. 부패와 관련된 이러한 일련의 관계들은 결국 경제발전과 정부의 질적 향상을 위해서는 정부가 부패척결을 위해 노력해야 하며, 사회 전체적으로도 부패 척결에 도움이 될 수 있는 제도적 기반을 다질 필요성이 있음을 시사한다.

마지막으로 본 연구의 분석 결과들은 서로 다른 국가들의 경제발전과 정부의 질적 향상을 위해서 서로 다른 형태의 정책 수단이 필요함을 시사한다. 특히 인적자본과 기업가정신자본의 상호작용이 경제발전에 긍정적인 영향을 미친다는 결과가 본 연구를 통해 제시되기도 하였다. 이러한 결과들을 고려할 때, 개별 국가들은 경제발전과 정부의 질에 영향을 줄 수 있는 다양한 요인 간의 상호작용 효과가 서로 다를 수 있다는 점에 기초하여 그들 국가의 경제발전과 정부의 질적 향상을 위해서 자신들에게 맞는 정책적 노력들을 기울일 필요성이 있다.

제3절 후속 연구를 위한 제언

본 연구는 앞에서 언급한 바와 같이 사회자본과 경제발전의 관계, 사회자본과 정부의 질의 관계를 실증적으로 분석하였으며, 그 결과 사회자본은 경제발전과 정부의 질적 향상에 긍정적인 요인으로 작용하고 있음을 알 수 있었다. 그러나 사회자본은 하나의 이질적인 개념이며, 사회자본의 다차원적인 속성들은 언제나 경제발전과 정부의 질에 동일한 형태로 영향을 주지는 않는다. 그렇기 때문에 향후 연구자들은 사회자본을 구성하는 핵심 구성 요소들이 경제발전이나 정부의 질에 미치는 영향에 대해서도 구체적으로 논의할 필요성이 있다.

아울러 사회자본과 경제발전의 관계와 관련해서는 탐색적인 연구이며, 공간적 자기상관성 문제를 분석모형에 고려하지는 않았다. 그 이유는 본 연구의 분석 대상 국가들이 전 세계의 삼분의 일에 해당하며, 서로 분산된 국가들이 분석모형에 포함되었기 때문이다. 만일 후속 연구에서 한 국가 내 지역수준에서의 분석이 향후에 이루어진다면 지역적 종속성과 같은 공간적 자기상관성 문제에 대해 고려할 필요성이 있다. 다시 말해 후속 연구에서 지역 관련 데이터를 활용하여 사회자본과 경제발전의 관계를 국가 내 주 정부나 지방정부 수준에서 분석한다면 공간적 자기상관성 문제를 고려한 분석모형을 설정하여 공간적 효과가 경제발전에 미치는 영향을 통제할 필요가 있다.

마지막으로 본 연구에서는 사회자본이 경제발전에 영향을 미친다고 가정하였다. 그렇지만 사회자본과 경제발전의 관계는 여기에서 가정한 관계의 역도 성립할 수 있다는 점을 후속 연구에서는 고려할 필요가 있다. 실제로 Rothstein(2011)은 정부의 질이 사회자본에 영향을 미칠 수 있음을 주장하였다는 점을 고려하여 향후 연구자들은 사회자본과 정부의 질의 관계를 논의할 때 양자의 인과관계의 구체적인 논의가 필요하다.

|부 록|

〈부록〉 사회자본지수(SCI) 개발에 활용된 제5차 세계가치조사의 문항들*

하위 구성 요소		변수 설명
신뢰	일반적 신뢰 (5개 문항)	• Your neighborhood • People you know personally • People you meet for the first time • People of another religion • People of another nationality
	제도에 대한 신뢰 (6개 문항)	• The armed forces • The press • The labor unions • The police • The parliament • The civil service
네트워크 활동	적극적 네트워크 활동 (8개 문항)	• Religious organizations • Organizations for education, arts, music, or cultural activities • Labor unions • Political parties • Human rights • Organizations for conservation, environmental, ecological, and animal rights • Professional associations • Sports or recreational organizations
	소극적 네트워크 활동 (8개 문항)	
시민의식(규범) (4개 문항)		• Claiming government benefits to which you are not entitled • Avoiding a fare on public transportation • Cheating on your taxes • Accepting a bribe

* 〈부록〉에 제시한 내용은 본 연구에서 활용된 각 문항들의 키워드를 정리한 것이며, 보다 구체적인 설문 문항에 대한 정보는 World Values Survey Association 웹페이지에서 제공하는 설문지를 참고하기 바람.

| 참고문헌 |

김두래 (2012). 정치체제, 정부의 질, 그리고 정부성과: 합의체제 수월성 가설의 수정과 검증. 「정부학연구」, 18(1): 55-78.

김상미 (2005). 지방의회의 사회자본 평가: 안산시의회 관련 행위자 간 평가를 중심으로. 한국지방자치학회 춘계학술대회.

김선혁 (2011). 정부의 질과 시민사회: 비판적 검토와 지표 개발을 위한 시론. 「정부학연구」, 17(3): 49-78.

김왕배・이경용 (2002). 사회자본으로서의 신뢰와 조직몰입. 「한국사회학」, 36(3): 1-23.

김정렬・김시윤 (2003). 거버넌스와 행정국가. 「대한정치학회보」, 10(3): 23-44.

김철주 (2004). 복지체제의 유형화와 결정요인에 관한 일연구: 탈가족화와 탈상품화를 중심으로. 「사회복지정책」 20: 63-85. 한국사회복지정책학회.

김태룡 (2006). 시민단체가 사회자본의 형성에 미치는 영향에 관한 연구. 「한국행정학보」, 40(3): 27-51.

김태일・박상현 (2013). 정부 역할의 유형과 정부 성과. 「한국정책학회보」, 22(1): 493-515.

남찬섭 (2002). 한국 복지체제의 성격에 관한 경험적 연구: 에스핑엔더슨의 기준을 중심으로. 김연명 편. 「한국 복지국가 성격 논쟁 I」. 인간과 복지.

도수관 (2012). 지식정보사회에서 사회자본과 창의적 기업가정신과의 관계: 젠더, 교육수준, OECD 회원국 여부에 따른 집단구분을 중심으로. 「한국행정학보」, 46(4): 357-388.

문명재 · 주기완. (2007). 작고 강한 정부를 위한 탐색적 연구. 「행정논총」, 45(3):51-80. 서울대학교 행정대학원.

박상필 (2000). 이익집단 갈등과 사회자본: 경실련의 한약분쟁 조정 사례 연구. 「한국행정학보」, 34(2): 121-138.

박찬웅 (1999). 경쟁의 사회적 구조－기업 내 신뢰의 사회적 연결망과 개인의 조직 내 성과. 「한국사회학」, 33(4): 789-817.

박희봉 (2002a). 사회자본이론의 논점화 연구 경향. 「정부학연구」, 8(1): 5-44.

박희봉 (2002b). 지방거버넌스와 사회자본. 박종민 · 이종원 편, 「한국지방민주주의의 위기: 도전과 과제」, pp.397-427. 서울: 나남출판.

박희봉 (2002c). 사회단체와 사회자본. 한국NGO학회 2002년도 춘계학술대회 발표논문집.

박희봉 (2005). 거버넌스 증진의 전제로서의 사회자본과 한국 사회자본 특징. 「국가정책연구」, 19(2): 69-103.

박희봉 (2009). 사회자본(Social Capital): 불신에서 신뢰로, 갈등에서 협력으로. 조명문화사.

박희봉 · 김명환 (2000). 지역사회 사회자본과 거버넌스 능력: 서울 서초구와 경기 포천군 주민의 인식을 중심으로. 「한국행정학보」, 34(4): 175-196.

박희봉 · 강제상 · 김상묵 (2003). 조직내 사회자본과 지적자본의 형성 및 조직성과관리에 대한 효과. 「한국행정연구」, 12(1): 3-25.

배병룡 (2005). 공공조직 사회자본의 영향요인과 효과, 「한국사회와 행정연구」, 15(4): 49-74.

소진광 (2004). 사회적 자본의 측정지표에 관한 연구. 「한국지역개발학회지」, 16(1): 89-117.

오수길 · 곽병훈 (2004). 사회자본-정부-거버넌스의 연계에 관한 시론적 모색: 재가노인복지서비스전달체계의 역사적 분석을 사례로. 「한국행정학보」, 38(6): 225-245.

이곤수 · 송건섭 (2007). 지방정부의 시민접촉에 대한 사회자본의 영향. 「한국행정학보」, 41(1): 133-152.

이숙종 · 김희경 · 최준규 (2008). 사회자본이 거버넌스 형성에 미치는 영향에 관한 연구. 「한국행정학보」, 42(1): 149-170.

이해춘 · 이규용 · 이인재 (2007). 정책 평가 방법으로서의 퍼지집합이론의 응용—일자리 창출 정책의 경우, 「한국정책학회보」, 16(3): 67-91, 한국정책학회.

임의영 (2011). 거번먼트의 질: 개념적 성찰. 한국행정학회 동계학술대회.

정무권 (2002). 김대중정부의 복지개혁과 한국 복지제도의 성격 논쟁에 대하여. 김연명 편. 「한국 복지국가 성격 논쟁 I」. 인간과 복지.

최영준 (2009). 사회과학에서 퍼지셋 활용의 모색: 퍼지 이상형 분석과 결합요인 분석을 중심으로. 「정부학연구」, 15(3): 307-336.

최영출 (2004a). 로컬 거버넌스의 성공적 구현을 위한 정책과제. 「지방행정연구」, 18(1): 19-50.

최영출 (2004b). 지역의 사회자본측정지표 설정. 한국행정학회 하계학술대회.

한준 (2006). 사회적 자본과 거버넌스. 「국정관리연구」, 1(1): 83-102.

홍경준 (2002). 복지국가의 유형에 관한 질적 비교 분석. 김연명 편. 「한국 복지국가 성격 논쟁 I」. 인간과 복지.

Acemoglu, D. and J. Robinson (2008). *The Role of Institutions in Growth and Development*. Washington, DC: The World Bank.

Adler, P. S. and Kwon S. W. (2002). Social Capital: Prospects for a New Concept, *Academy of Management Review* 27: 17-40.

Akçomak, İ. Semih and Bas ter Weel (2006). Social Capital, Innovation and Growth: Evidence from Europe, *UNU-MERIT Working Paper* No. 40. UNU-MERIT, Maastricht University.

Almond, G. and S. Verba (1963). *The Civic Culture: Political Attitudes and Democracy in Five Nations*. Princeton, NJ: Princeton University Press.

Arrow, K. J. (2000) Observations on Social Capital, in P. Dasgupta, I. Seragilden (Eds.), *Social Capital: A Multifaceted Perspective*. The World Bank, Washington DC, pp. 3-5.

Austin, M. (2003). The Changing Relationship between Nonprofit Organizations and Public Social Service Agencies in Welfare Reform. *Nonprofit and Voluntary Sector Quarterly*, 32(1), 97-114.

Barro, R. and Jong-Wha Lee (2010). A New Data Set of Educational Attainment in the World, 1950-2010. *NBER Working Paper* No. 15902.

Bartkus, Viva Ona and James H. Davis (2009). *Social Capital: Reaching Out, Reaching In*. Cheltenham: Edward Elgar Publishing.

Becker, G. S. (1975). *Human Capital: A Theoretical and Empirical Analysis with Special Reference to Education*, 2nd (Eds.), New York: National Bureau of Economic Research.

Belliveau, M. A., C. A. O'Reilly, and J. B. Wade (1996). Social Capital at the Top: Effects of Social Similarity and Status on CEO Compensation, *Academy of Management Journal* 39: 1568-1593.

Berman, S. (1997). Civil Society and the Collapse of the Weimar Republic. *World Politics* 49(3): 401-429.

Beugelsdijk, S. and T. van Schaik (2005). Differences in Social Capital between 54 Western European Regions, *Regional Studies* 39(8): 1053-1064.

Beugelsdijk S and S. Smulders (2004) Social Capital and Economic Growth. Tilburg University, Department of Economics, Mimeo. URL available: http://www.dur.ac.uk/economics.guestspeakers/2003_04/Smulders.pdf

Beugelsdijk, S., H. L. de Groot, and F. T. van Schaik. (2004). Trust and Economic Growth: A Robustness Analysis. *Oxford Economic* Papers 56: 118-134.

Beugelsdijk, S. and F. T. van Schaik (2005). Social Capital and Growth in European regions: An Empirical Test. *European Journal of Political Economy* 21: 301-324.

Bjørnskov, Christian and Gert Tinggaard Svendsen (2003). Measuring Social Capital: Is There a Single Underlying Explanation? *Working Paper* 03-5, Department of Economics, Aarhus School of Business, University of Aarhus. Available at: http://www.hha.dk/nat/WPER/03-5_gts.pdf.

Boix, C. and D. Posner (1998). Social Capital: Explaining its Origins and Effects on Government Performance. *British Journal of Political Science* 28: 686-693.

Bourdieu, D. (1986). The Forms of Capital. In J. Richardson, *Handbook of Theory and Research for the Sociology of Education*. New York: Greenwood, pp.241-258.

Boxman, E. A. W., P. M. de Graaf, and H. D. Flap (1991). The Impact of Social and Human Capital on the Income Attainment of Dutch Managers, *Social Networks* 13: 51-73.

Boyne, A., K. Meier, L. Jr. O'Toole, R. Walker (2006). *Public Service Performance: Perspectives on Measurement* and Management. Cambridge: Cambridge University Press.

Brehm, J. and W. Rahn (1997). Individual-Level Evidence for the Causes and Consequences of Social Capital. *American Journal of Political Science* 41(3): 999-1023.

Brewer, G. A. (2004). Does Administrative Reform Improve Bureaucratic Performance? A Cross-country Empirical Analysis. *Public Finance and Management* 4(3): 399-428.

Brewer, G. A., Y. Choi, and R. M. Walker (2007). Accountability, Corruption and Government Effectiveness in Asia: An Exploration of World Bank Governance Indicators. *International Public Management Review* 8(2): 200-218.

Bull, A. C. and B. Jones (2006). Governance and Social Capital in Urban Regeneration: A Comparison between Bristol and Naples. *Urban Studies* 43(4): 767-786.

Burt, R. S. (1997a). The Contingent Value of Social Capital, *Administrative Science Quarterly* 42: 339-365.

Burt, R. S. (1997b). A Note on Social Capital and Network Content, *Social Networks* 19: 355-373.

Callahan, K. (2007). *Elements of Effective Governance: Measurement, Accountability and Participation*. New York: Taylor & Francis.

Chou, Tzu-Chuan, Jau-Rong Chen, and Shan L Pan (2006). The Impacts of Social Capital on Information Technology Outsourcing Decisions, *International Journal of Informantion Management* 26(3): 249-256.

Coleman, J. S. (1990). *Foundations of Social Theory*. Cambridge: Harvard

University Press.

Coleman, J. S. (1988). Social Capital in the Creation of Human Capital, *American Journal of Sociology* 94: S95–S120.

Cooke, P. and D. Willis (1999). Small Firms, Social Capital and the Enhancement of Business Performance Through Innovation Programmes, *Small Business Economics* 13: 219-234.

Cooke, P. and N. Clifton (2004). Spatial Variation in Social Capital among UK Small and Medium-sized Enterprises, in H. L. F. de Groot, P. Nijkamp, Roger R. Stough (Eds.), *Entrepreneurship and Regional Economic Development: A Spatial Perspective*. Cheltenham: Edward Elgar, pp.107-137.

Dahlberg, S., C. Dahlström, V. Norell, and J. Teorell (2011). *The Quality of Government Institute Quality of Government Survey 2008-2010*: A Report. The Quality of Government Institute, University of Gothenburg.

Dakhli, Mourad and Dirk de Clercq (2004). Human Capital, Social Capital, and Innovation: a multi-country study, *Entrepreneurship & Regional Development* 16(2): 107-128.

Daly, M. (2003). Governance and Social Policy. *Journal of Social Policy* 32(1): 113–128.

Dasgupta, P. (2000). Economic Progress and the Idea of Social Capital, in P. Dasgupta and I. Seragilden (Eds.), *Social Capital: A Multi-faceted Perspective*, Washington DC: World Bank, pp. 325- 424.

Davidsson, P. and Benson Honig (2003). The Role of Social and Human Capital among Nascent Entrepreneurs, Journal of *Business Venturing* 18(3): 301–331.

Doh, S. (2014). Social Capital, Economic Development, and the Quality of Government: How Interaction between Social Capital and Economic Development Affects the Quality of Government. *Public Administration* 92(1): 104-124.

Doh, S. and C. L. McNeely (2012). A Multi-dimensional Perspective on Social Capital and Economic Development: An Exploratory Analysis. *The Annals of Regional Science* 49(3): 821-843.

Doh, S. and E. J. Zolnik (2011). Social Capital and Entrepreneurship: An Exploratory Analysis, African Journal of Business Management

5(12): 4961-4975.

Doh, S. and Z. J. Acs (2010). Innovation and Social Capital: A Cross-country Investigation, *Industry and Innovation* 17(3): 241-262.

Durlauf, S. (2002). On the Empirics of Social Capital, *Economic Journal* 112: F459-F479.

Durlauf, S. N. and R. Fafchamps (2004). Social Capital, *Working paper* No. 10485, NBER, Cambridge, MA.

Esping-Andersen G. (1990). *The Three Worlds of Welfare Capitalism*. Princeton

European Communities (2006). *The Leader Approach: A Basic Guide*. Luxembourg: Office for Official Publications of the European Communities. URL available: http://enrd.ec.europa.eu/app_templates/filedownload.cfm?id=B973735A-9614-ABDF-4A4E-2800119E5476.

European Communities (2006). *The Leader Approach: A Basic Guide*. Luxembourg: Office for Official Publications of the European Communities. URL available: http://enrd.ec.europa.eu/app_templates/filedownload.cfm?id=B973735A-9614-ABDF-4A4E-2800119E5476.

European Values Study Group and World Values Survey Association (2006). *The 2000 World Values Survey*. Available at: http://www.worldvaluessurvey.org.

Florin, J. and Schultze, W. (2000). Social Capital and Fundability of High Potential New Ventures, Prepared for the Academy of Management Meetings, Toronto, August.

Fountain, Jane E. and Robert D. Atkinson (1998). Innovation, Social Capital, and the New Economy, *Progressive Policy Institute (PPI) Briefing* July 1, 1998. URL available: http://www.ppionline.org/ppi_ci.cfm?contentid=1371&knlgAreaID=140&subsecid=293.

Frahm, K. and L. Martin (2009). From Government to Governance: Implications for Social Work Administration. *Administration in Social Work* 33(4): 407-422.

Fukuyama, F. (1995). *Trust: The Social Virtues and the Creation of Prosperity*. New York: Free Press.

Fukuyama, F. (2004). *State-Building: Governance and World Order in the 21st Century*. Cornell University Press.

Gargiulo, M. and M. Benassi (2000). Trapped in Your Own Net? Network Cohesion, Structural Holes, and the Adaptation of Social Capital, *Organizational Science* 11: 183-196.

Glaeser, Edward L. and Charles Redlick (2008). Social Capital and Urban Growth, *NBER Working Paper 14374*. National Bureau of Economic Research (NBER), Cambridge, MA.

Glaeser, E. L., D. Laibson, B. Sacerdote (2000). The Economic Approach to Social Capital, *NBER Working Paper* 7728, National Bureau of Economic Research, Cambridge, MA.

Goldsmith, S. and W. Eggers (2004). *Governing by Network: The New Shape of the Public Sector*. Washington, DC: The Brookings Institution.

Goodman, R., G. White, and H. J. Kwon (Eds.). (1998). *The East Asian Welfare Model: Welfare Orientalism and the State*. London: Routledge.

Green, G. P. (1996). Social Capital and Entrepreneurship: Bridging the Family & Community, Paper presented at the Cornell University Conference on the Entrepreneurial Family: Building Bridges, March 17-19, 1996, New York City, New York. Available at: http://www.fambiz.com/Orgs/Cornell/articles/real/green.cfm.

Gregory, R. (1999). Social Capital Theory and Administrative Reform: Maintaining Ethical Probity in *Public Service. Public Administration Review* 59(1): 63-75.

Grootaert, C. (2001). Social Capital: The Missing Link? in Dekker, Paul and Eric M. Uslaner (Eds.), *Social Capital and Participation in Everyday Life. New York*: Routledge, pp. 9-29.

Grootaert, C. (1999). Social Capital, Household Welfare, and Poverty in Indonesia. *Policy Research Working Paper* no. 2148. Washington, DC: The World Bank.

Grootaert, C., Deepa Narayan, Veronica Nyhan Jones, and Michael Woolcock (2004). Measuring Social Capital: An Integrated Questionnaire, *World Bank Working Paper* No. 18. The World Bank, Washington, D.C.

Grootaert, C. and T. van Bastelaer (2001). Understanding and Measuring Social Capital: A Synthesis of Findings and Recommendations from the Social Capital Initiative, *Social Capital Initiative Working*

Paper No. 24. Washington, D.C.: The World Bank.

Guiso, L., P. Sapienza, and L. Zingales (2004). The Role of Social Capital in Financial Development, *American Economic Review* 94(3): 526-556.

Halpern, D. (2005). *Social Capital*. Cambridge: Polity Press.

Helliwell, John F. and H. Huang. (2008). How's Your Government? International Evidence Linking Good Government and Well-Being. *British Journal of Political Science* 38(4): 596-619.

Holliday, I. (2000). Productivist Welfare Capitalism: Social Policy in East Asia, *Political Studies* 48(4): 706-723.

Hudson, J. and S. Kühner (2009). Towards Productive Welfare? A Comparative Analysis of 23 OECD Countries. *Journal of European Social Policy* 19(1): 34-46.

Inglehart, R. (1997). *Modernization and Postmodernization*. Princeton: Princeton University Press.

Jackman, R. W. and R. A. Miller (1996). A Renaissance of Political Culture? *American Journal of Political Science* 40: 632-659.

Jessop, B. (1999). The Changing Governance of Welfare: Recent Trends in its Primary Functions, Scale, and Modes of Coordination, *Social Policy & Administration* 33: 348-359.

Kaufmann, D., A. Kraay, and P. Zoido-Lobatón (1999). Governance Matters. *World Bank Policy Research Working Paper* No.2196, Washington, D.C.: World Bank.

Kaufman, D., A. Kraay, and M. Mastruzzi (2010). The Worldwide Governance Indicators: Methodology and Analytical Issues. World Bank *Policy Research Working Paper Series* No.5430. Washington, D.C.: World Bank.

Kettl, D. (1988). *Government by Proxy: (Mis?) Managing Federal Programs*, Congressional Quarterly Press. Kim, Phillip H. and Howard E. Aldrich (2005). Social Capital and Entrepreneurship, *Foundations and Trends in Entrepreneurship* 1(2): 1-52. Boston-Delft: now Publishers Inc.

Kettner, P., R. Moroney, and L. Martin (2008). *Designing and Managing Programs: An Effectiveness Based Approach*. Thousands Oaks, CA: Sage Publications.

Knack, S. (1992). Civic Norms, Social Sanctions, and Voter Turnout. *Rationality and Society* 4(2): 133-156.

Knack, S. (2002). Social Capital and the Quality of Government: Evidence from the States. *American Journal of Political Science* 46(4): 772-785.

Knack, S. (1999). Social Capital, Growth and Poverty: A Survey of Cross-Country Evidence, *Social Capital Initiative Working Paper* No.4, The Word Bank, Washington DC.

Knack, S. and P. Keefer (1997). Does Social Capital Have an Economic Payoff? A Cross-country Investigation. *Quarterly Journal of Economics* 112(4): 1251-1281.

Knack, S. and P. Keefer (1995). Institutions and Economic Performance: Cross-country Tests Using Alternative Institutional Measures. *Economics and Politics* 7: 207-227.

Knoke, D. (1999). Organizational Networks and Corporate Social Capital, in R. Th. A. J. Leenders and S. M. Gabbay (Eds.), Corporate Social *Capital and Liability*. Boston: Kluwer, pp. 17-42.

Krishna, A. and N. Uphoff (1999). Mapping and Measuring Social Capital: A Conceptual and Empirical Study of Collective Action for Conserving and Developing Watersheds in Rajasthan, India. *Social Capital Initiative Working Paper* no. 13. Washington, DC: The World Bank.

Kvist, J. (1999). Welfare Reform in the Nordic Countries in the 1990s: Using Fuzzy-set Theory Assess Conformity to Ideal Types. *Journal of European Social Policy* 9(3): 231-252.

Kvist, J. (2006). Diversity, Ideal Types and Fuzzy Sets in Comparative Welfare State Research. In B. Rihoux and H. Grimm (Eds). *Innovative Comparative Methods for Policy Analysis: Beyond the Quantitative - Qualitative Divide*. New York, NY: Springer.

Kvist, J. (2007). Fuzzy Set Ideal Type Analysis. *Journal of Business Research* 60: 474-481.

La Porta, R., F. Lopez-de-Silanes, A. Shleifer, and R. Vishny (1999). The Quality of Government. *The Journal of Law, Economics, and Organization* 15(1): 222-279.

Landry, Réjean, Nabil Amara, and Moktar Lamari (2002). Does Social

Capital Determine Innovation? To What Extent? *Technological Forecasting and Social Change* 69(7): 681-701.

Lee, S. and A. Whitford (2009). Government Effectiveness in Comparative Perspective. *Journal of Comparative Policy Analysis: Research and Practice* 11(2): 249-281.

Leftwich, A. (1993). Governance, Democracy and Development in the Third World. *Third World Quarterly* 14(3): 605-624.

Ling, J. and T. W. Rice (1998). Democracy, Economic Wealth, and Social Capital: Sorting Out the Causal Connections. Paper delivered at the 1998 Midwest Political Science Convention. Chicago, Illinois.

Longo, F. (2008). Quality of Government: Impartiality is not Enough. *Governance: An International Journal of Policy, Administration, and Institutions* 21(2): 191-196.

Lowndes, V. and D. Wilson (2001). Social Capital and Local Governance: Exploring the Institutional Design Variable. *Political Studies* 49: 629-647.

Lowndes, V., G. Stoker, and L. Pratchett (1998). *Enhancing Public Participation in Local Government*. London: Department of the Environment, Transport and Regions.

Martin, L. L. and C. Stutte (2008). Public-private Partnership. In K. Thai (Eds.) *International Handbook of Public Procurement*. London: Taylor and Francis, pp. 699-720.

Maskell, P. (2000). Social Capital, Innovation and Competitivness, in S. Baron, J. Field, and T. Schuller (Eds.), *Social Capital: Critical Perspectives*. Oxford: Oxford University Press, pp. 111-123.

Moesen, W., T. van Puyenbroeck, and L. Cherchye (2000). *Trust as Societal Capital: Economic Growth in European Regions*. Leuven: Centre for Economic Studies, Catholic University of Leuven.

Napahiet, J. and S. Ghoshal (1998). Social Capital, Intellectual Capital, and the Organizational Advantage, *Academy of Management Review* 23(3): 242-266.

Narayan, D. and L. Pritchett (1990). Cents and Sociability: Household Income and Social Capital in Rural Tanzania. *Economic Development and Cultural Change* 47(4): 871-897.

OECD. (2008). *Employment in Government in the Perspective of the Production Costs of Goods and Services in the Public Domain*. Public Governance and Territorial Development Directorate Public Governance Committee.

Onyx, J. and P. Bullen. (2000). Measuring Social Capital in Five Communities, *Journal of Applied Behavioral Science* 36: 23-43.

Ostrom, E. and T. K. Ahn (Eds.) (2003). *Foundations of Social Capital*. London: Edward Elgar.

Ostrom, E. and T. K. Ahn (2003). A Social Science Perspective on Social Capital: Social Capital and Collective Acton, *Revista Mexicana de Sociología* LXV(1): 155-233.

Paxton, Pamela (1999). Is Social Capital Declining in the United States? A Multiple Indicator Assessment, *American Journal of Sociology* 105: 88-127.

Pennings, J. M., K. Lee, and A. van Witteloostuijn (1998). Human Capital, Social Capital, and Firm Dissolution, *Academy of Management Journal* 41: 425-440.

Pollitt, C. and G. Bouckaert (2004). *Public Management Reform: A Comparative Analysis*, 2nd Edition. Oxford: Oxford University Press.

Portes, A. (1998). Social Capital: Its Origins and Applications in Modern Sociology, *Annual Review of Sociology* 24: 1-24.

Portes, A. and P. Landolt (1996). The Downside of Social Capital, *The American Prospect* 26: 18-21.

Polzer, J. (2002). Ambrogio Lorenzetti's War and Peace Murals Revisited: Contributions to the Meaning of the Good Government Allegory, *Artibus et Historiae* 23(45): 63-105.

Putnam, R. D. (2000). *Bowling Alone: The Collapse and Revival of American Community*. New York: Simon & Schuster.

Putnam, R. D. (1995). Bowling Alone: America's Declining Social Capital, *Journal of Democracy* 6(1): 65-78.

Putnam, R. D. (1993a). *Making Democracy Work: Civic Traditions in Modern Italy*. Princeton, NJ: Princeton University Press.

Putnam, R. D. (1993b). The Prosperous Community: Social Capital and Public Life, *The American Prospect* 13: 35-42.

QoG Institute. 2010. Measuring the Quality of Government and

Subnational Variation. Report for the European Commission Directorate-General Regional Policy Directorate Policy Development. Quality of Government Institute, Sweden. December 2010.

Ragin, C., C. Rubinson, D. Schaefer, S. Anderson, E. Williams, and H. Giesel (2006). *User's Guide to Fuzzy-set/Qualitative Comparative Analysis 2.0*. Tucson, AZ: Department of Sociology, University of Arizona.

Ragin, C. (2000). *Fuzzy-Set* Social Science. Chicago: University of Chicago Press.

Reddel, T. (2002). Beyond Participation, Hierarchies, Management and Markets: 'New' Governance and Place Policies. *Australian Journal of Public Administration* 61(1): 50–63.

Rhodes, R.A.W. (2000). *Governance and Public Administration*. Pierre, J.(ed.), Debating Governance, pp.54-90. New York: Oxford University Press.

Rice, T. W. (2001). Social Capital and Government Performance in Iowa Communities. *Journal of Urban Affairs* 23(3-4): 375-389.

Rice, T. W. and A. Sumberg (1997). Civic Culture and Government Performance in the American States. *Publius: The Journal of Federalism* 27: 99-114.

Rihoux, B. and C. C. Ragin (2009). *Configurational Comparative Methods: Qualitative Comparative Analysis (QCA) and Related Techniques*. London: Sage Publications.

Rohe, W. (2004). Building social capital through community development. *Journal of the American Planning Association* 70(2): 158-164.

Romer, P. M. (1986). Increasing Returns and Long-run Growth, *Journal of Political Economy* 94(5): 1002–1037.

Rose, R. (1999). Getting Things Done in an Anti-modern Society: Social Capital Networks in Russia, in Dasgupta, P. and I. Serageldin (Eds.), *Social Capital: A Multifaceted Perspective*. Washington, DC: The World Bank.

Rothstein, B. (2011). *The Quality of Government: Corruption, Social Trust and Inequality in International Perspective*. University of Chicago Press.

Rothstein, B. and J. Teorell (2005). What is Quality of Government?

A Theory of Impartial Political Institutions. *QoG Working Paper Series*. The QoG Institute.

Rothstein, B. and J. Teorell (2008a). What is Quality of Government? A Theory of Impartial Government Institutions. *Governance: An International Journal of Policy, Administration, and Institutions* 21(2): 165-190.

Rothstein, B. and J. Teorell (2008b). Impartiality as a Basic Norm for the Quality of Government: A Reply to Francisco Longo and Graham Wilson. *Governance: An International Journal of Policy, Administration, and Institutions* 21(2): 201-204.

Salamon, L. M. (2002). *The Tools of Government: A Guide to the New Governance*. New York: Oxford University Press.

Schultz, Theodore W. (1967). *The Economic Value Education*. New York: Columbia University Press.

Teixeira, A and N. Fortuna (2004). Human Capital, Innovation Capability and Economic Growth in Portugal, 1960–2001, *Portuguese Economic Journal* 3: 205–225.

Teorell, J. (2009). The Impact of Quality of Government as Impartiality: Theory and Evidence. Paper presented at the 2009 Annual Meeting of the American Political Science Association, September 2-6, 2009, Toronto, Canada.

Teorell, J., N. Charron, M. Samanni, S. Holmberg, and B. Rothstein (2009). The Quality of Government Dataset, version 17 June 2009. University of Gothenburg: The Quality of Government Institute. URL available: http://www.qog.pol.gu.se.

Teorell, J., M. Samanni, S. Holmberg, and B. Rothstein (2011). The Quality of Government Dataset, version 6 April. University of Gothenburg: The Quality of Government Institute, http://www.qog.pol.gu.se.

Thomas, C. Y. (1996). Capital Markets, Financial Markets and *Social Capital, Social and Economic Studies* 45(2&3): 1-23.

Tsai, W. (2000). Social Capital, Strategic Relatedness and the Formation of Intra-organizational Linkages, *Strategic Management Journal* 21: 925-939.

Tsai, W. and S. Ghoshal (1998). Social Capital and Value Creation:

The Role of Intra-firm Networks, *Academy of Management Journal* 41: 464-478.

Tymon, Walter G. and Stephen A. Stumpf (2003). Social Capital in the Success of Knowledge Workers. *Career Development International* 8(1): 12-20.

Uslaner, E. M. (2001). Trust and Corruption. Paper presented at the Conference on Political Scandals: Past and Present, University of Salford, June 21-23, 2001.

Uzzi, B. (1999). Embeddedness in the Making of Financial Capital: How Social Relations and Networks Benefit Firms Seeking Financing, *American Sociological Review* 64: 481-505.

Veracierto, Marcelo (2008). Corruption and Innovation, *Economic Perspectives* Q(1): 29-39.

Weizel, C. and R. Inglehart (1999). Human Capital and Democracy. Paper delivered at the 1999 Midwest Political Science Convention. Chicago, Illinois.

Westlund, Hans (2006). *Social Capital in the Knowledge Economy: Theory and Empirics*. Springer Verlag.

Whiteley, P. F. (2000). Economic Growth and Social Capital. *Political Studies* 48(3): 443-466.

Wilson, G. (2008). The Quality of Government. Governance: *An International Journal of Policy, Administration, and Institutions* 21(2): 197-200.

Woolcock, Michael (1998). Social Capital and Economic Development: Toward a Theoretical Synthesis and Policy Framework, *Theory and Society* 27: 151-208.

Woolcock, Michael and Deepa Narayan (2000). Social Capital: Implications for Development Theory, Research, and Policy, The *World Bank Research Observer* 15(2): 225-249.

World Bank (1992). *Governance and Development*. Washington, D.C.: World Bank.

World Bank (1985). *World Development Report*. Washington, D.C.: The World Bank.

World Values Survey Association (2009). *The 2005 World Values Survey*. Available at: http://www.worldvaluessurvey.org.

Yli-Renko, H., E. Autio, and H. J. Sapienza (2001). Social Capital, Knowledge Acquisition, and Knowledge Exploitation in Young Technology-based Firms, *Strategic Management Journal* 22: 587-613.

Zadeh, L. A. (1965). Fussy Sets. *Information and Control*. 8: 338-353.

Zak, P. J. and S. Knack (2001). Trust and Growth, *Economic Journal* 111: 295-321.

| 찾아보기 |

ㄱ

가중치 기법(weighting method) 16, 80
거버넌스 패러다임 100, 104, 105
결속형 사회자본 108
경제발전 13, 37, 61, 65, 66, 115
경제발전 수준 16
관리 패러다임 99
교량형 사회자본 108
기업가정신이론 61
기업가정신자본 37

ㄴ·ㄷ

내부적 접근법 29
내생적 경제성장론 61, 67, 68
대처주의 4

ㅁ

매몰 비용 31
물리적 자본 37
물적자본 5, 65
민관협력관계 100

ㅂ

발전국가론 4
법의 지배(rule of law) 22
불편부당성(impartiality) 22

ㅅ

사회 구성원 45
사회 규범 46
사회 네트워크 16, 45, 62, 76
사회 네트워크 활동 48
사회자본 5, 13, 16, 27, 29, 30, 36, 61, 62, 65, 115
사회자본론자 37, 38
사회자본 수준 16
사회자본지수 12
세계가치조사 50, 83
솔로우 잔차(solow residual) 68
수정자본주의 4
시민 의식 16, 46, 48, 77
시민 참여 62
신고전적 경제이론 61
신고전적 이론 67
신뢰 16, 48, 62, 75
신자유주의 4, 5

ㅇ

연계형 사회자본 108
외부적 접근법 29
유형화(SC-ED types) 102
인간 개발 지표 121
인적자본 5, 37, 65
인적자본론 61, 67, 70
일반적 신뢰 75, 110

ㅈ

자유방임주의 4

전문성(professionalism) 22
정부 승인(government approval) 22
정부의 질(quality of government) , 4 , 3
37, 103
정치적 참여(political participation) 22
제도적 신뢰 75, 110
좋은 거버넌스(good governance) 9
좋은 정부(good government) 14
지식자본 37
지식정보화사회 6, 37, 62
지적자본 5, 65
질 높은 정부 14

ㅊ

창의적 기업가정신 37
창의적 기업가정신 이론 67, 71
창의적 기업가정신 자본 65

ㅌ · ㅍ

통치 패러다임 99, 104, 105
퍼지셋 분석 기법 14, 17
퍼지셋 이론 102, 113

ㅎ

한계생산성 감소 6
혁신 37
회귀분석모형(regression analysis model) 23
효과성(effectiveness) 22

H · S · U

HDR(Human Development Report) 120
SC-ED Type A 115
SC-ED Type B 115
SC-ED Type C 115
SC-ED Type D 115
UNDP 120

저자 소개

도수관(都守汳) 울산대학교 행정학과 졸업
고려대학교 일반대학원 행정학과 졸업 (행정학 석사)
George Mason University, School of Public Policy (정책학 박사)
현재 대구가톨릭대학교 행정학과 교수

아 | 산 | 재 | 단 | 연 | 구 | 총 | 서

1 전환기의 중국경제
김윤환 외 | 단국대 경제학과

2 폴란드 경제의 변천 개혁과 그 전망
김광수 | 숭실대 경제학과

3 재소한인
이광규 외 | 서울대 인류학과

4 소련산림과 임업
홍성천 외 | 경북대 임학과

5 아세안의 정치경제
김국진 외 | 외교안보연구원

6 태국의 사회변동과 경제발전
최석만 외 | 전남대 사회학과

7 중국의 사회경제 통계분석
신한풍 외 | 고려대 통계학과

8 중국의 정치와 경제
박두복 외 | 외교안보연구원

9 동유럽의 개혁과 시장경제의 도입
허만 외 | 부산대 사범대학

10 동유럽의 개혁운동
박영신 | 연세대 사회학과

11 현대 러시아 연구
기연수 외 | 한국외대 노어과

12 전략적 선택과 기업의 국제경쟁력
이장호 | 서강대 경영대학

13 협동사회의 정착과 정부의 역할
이종범 외 | 고려대 행정학과

14 한국 제조기업 생산성의 동적 분석
노부호 외 | 중앙대 경영대학

15 분배의 정의
변형윤 외 | 서울대 경제학과

16 도덕적 행동의 강화
이훈구 외 | 연세대 심리학과

17 관료부패와 통제
김해동 외 | 서울대 행정대학원

18 한국경제의 내실 있는 성장
정창영 외 | 연세대 경제학과

19 한국국민정신운동의 역사와 발전방향
박수명 외 | 부산대 사범대학

20 한국대학생의 가치성향과 상담효과
이영희 외 | 숙명여대 교육학과

21 가출청소년과 학교관리체제
안창규 외 | 부산대 교육학과

22 동북아 정세변화와 한・일관계
한승조 외 | 고려대 정치외교학과

23 언론과 부정부패
정대철 외 | 한양대 신문방송학과

24 한국의 고등학교 교육
이원호 외 | 부산대 교육학과

25 가족과 방송
김학수 외 | 서강대 신문방송학과

26 재정개혁의 전망과 재산세제의 개편 과제
오연천 | 서울대 행정대학원

27 청소년을 위한 전자게임 프로그램의 규제 및 평가체계 개발
박혜원 외 | 울산대 가정관리학과

28 정신장애자 가족의 사회심리적 특성
이근후 외 | 이화여대 의과대학

29 가족의 관계역동성과 문제인식
이광규 외 | 서울대 인류학과

30 현대인과 한국전통음식
송정자 | 숙명여대 식품영양학과

31 기업의 초고속정보통신망활용
안중호 | 서울대 경영학과

32 지역발전을 위한 교육자치제의 개선방안
김남순 | 조선대 사범대학

33 전환기의 공무원 가치관
조경호 | 울산대 행정학과

34 지방자치와 사회복지의 과제
김영모 | 중앙대 사회복지학과

35 WTO체제하의 지방중소기업 지원정책
최명주 외 | 계명대 통상학부

36 현대한국의 시민운동
이효선 | 중앙대 사회학과

37 기업 세계화의 단계 및 정도의 측정
허영도 외 | 울산대 경영학과

38 가족복지를 위한 가족주치의 시범사업의 효과
이혜리 외 | 연세대 가정의학교실

39 한국대학생의 삶의 만족도
김재은 외 | 이화여대 교육심리학과

40 지역경제와 지역산업구조의 개편방향
정기화 외 | 전남대 경제학부

41 중국기업의 소유형태별 경영특성
노철화 외 | 부산대 무역학과

42 남북한의 인성・사상교육
한승조 외 | 고려대 정치외교학과

43 연계적 뇌기능 조언을 위한 의료용 멀티미디어 시스템의 설계
유선국 | 연세대 의용공학교실

44 다민족국가의 민족문제와 한인사회
최협 외 | 전남대 인류학과

45 저소득층지역 청소년 여가문화와 소집단 활성화
박문수 외 | 서강대 사회학과

46 삶의 질의 국제비교와 지역간 비교분석
이재기 외 | 울산대 경제학과

47 21세기 지역주민의 삶의 질
양종회 외 | 성균관대 사회학과

48 삶의 질에 대한 국가간 비교
조명한 외 | 서울대 심리학과

49 외국인 노동자의 노사관계와 사회적 적응
석현호 외 | 성균관대 사회학과

50 한국의 사법제도와 발전 모델
정종섭 | 건국대 법학과

51 고령화사회와 중상층 노인의 사회활동
조성남 외 | 이화여대 사회학과

52 한국의 서비스 시장 개방정책
한홍렬 | 한양대 경제학부

53 한국과 AFTA간의 교역증진 및 경제 협력방안
손일태 외 | 경희대 경제통상학부항

54 물류비 절감을 위한 무역업체의 정보화전략
이영수 외 | 경북대 경제통상학부

55 사회주의 체제전환과 사회정책
오정수 외 | 충남대 사회복지학과

56 남북통일 이후 농업생산체계 개편
홍성규 외 | 건국대 농업경제학과

57 국제화와 세계화
하영선 외 | 서울대 외교학과

58 IMF 개혁정책의 평가와 한국경제의 신(新) 패러다임
조동근 | 명지대 경제학과

59 구조개혁과 실업대책
박동운 | 단국대 경제무역학부

60 21세기 신노사관계
심윤종 외 | 성균관대 사회학과

61 학교에서의 집단 따돌림
이춘재 외 | 가톨릭대 심리학과

62 한국노인의 정신건강실태와 건강증진
조맹제 외 | 서울대 의과대학

63 혁명과 개혁 속의 중국 농민
김광억 | 서울대 인류학과

64 중국의 경제환경과 한국기업의 진출 전략
지용희 외 | 서강대 경영학과

65 김대중 대통령의 시스템 사고
김동환 | 중앙대 공공정책학부

66 실업과 가족해체
최일섭 외 | 서울대 사회복지학과

67 합리적 부채비율 조정방안
오상근 | 동아대 경제학과

68 한국 중산층의 생활문화
문숙재 외 | 이화여대 소비자 · 인간발달학과

69 계층간 갈등상태에서 최적소득세
김진욱 | 건국대 경상학부

70 글로벌 경쟁력 제고를 위한 기업전략과 조직구축
이만우 외 | 고려대 경영학과

71 의료보험과 국민연금의 관리효율화를 위한 통합방안
사공진 외 | 한양대 경제학부

72 정부개혁의 과제와 전략
박우서 외 | 연세대 행정학과

73 책임운영기관 제도에 관한 비교분석
김근세 | 가톨릭대 행정학과

74 새로운 패러다임하에서의 한국기업의 바람직한 지배구조
최운열 외 | 서강대 경영학과

75 현대 한국사회의 계층구조
양춘 외 | 고려대 사회학과

76 한국의 산업정책과 산업구조조정
강인수 | 숙명여대 경제학부

77 기업구조조정
김석진 | 경북대 경영학부

78 지식경영을 위한 인적자원 개발 및 관리체계
장영철 | 경희대 경영학부

79 뉴 비즈니스 모델
전성현 | 국민대 정보관리학부

80 중산층의 정체성과 소비문화
함인희 외 | 이화여대 사회학과

81 외국관광객 유치를 위한 마케팅 전략
박상규 | 강원대 경영학과

82 한국인의 세대별 문학의식
이동순 | 영남대 국문과

83 공공부문의 효율성 평가와 측정
김재홍 외 | 울산대 사회과학부

84 한국 청소년의 정치의식과 형성요인
김광웅 외 | 숙명여대 아동복지학과

85 한국 대학생의 정치의식
배한동 | 경북대 윤리교육과

86 산업의 정보화와 산업발전
이기동 | 계명대 통상학부

87 한국 제조업의 고용조정 분석
이종원 외 | 성균관대 경제학부

88 지식자산에 대한 경영전략적 평가모형 개발
배재학 외 | 울산대 컴퓨터 · 정보통신공학부

89 관광사업을 위한 한국적 이미지의 휴식복 개발
채금석 | 숙명여대 의류학과

90 한국 정치제도의 개혁
신정현 | 경희대 사회과학부

91 e비즈니스와 아웃소싱 전략
정승화 외 | 연세대 경영학과

92 집단 따돌림의 진단 및 치료방안
홍준표 | 중앙대 인간생활환경학과

93 16대 총선과 낙선운동
조기숙 | 이화여대 국제대학원

94 부동층 유권자 행태 분석
진영재 | 연세대 정치외교학과

95 사이버 공동체의 성공요인
이재관 | 숭실대 경영학부

96 온라인 소비자 행동의 이론과 실증
윤성준 | 경기대 경영학부

97 글로벌 시대 정약용 세계관의 가능성과 한계
차성환 | 한일장신대 역사사회학과

98 러시아의 체제전환 과정에서 나타난 국가의 역할과 그 전망
이상민 외 | 부산대 정치외교학과

99 남북한의 경제발전 수준과 산업구조 비교, 그리고 경제교류 협력방향
주성환 | 건국대 경제학과

100 집단따돌림과 교육해체
한준상 | 연세대 교육학과

101 공적연금제도의 효율성과 개선방안
유금록 | 군산대 행정복지학부

102 벤처기업-대기업의 성공적인 협력 모델
나중덕 | 경산대 경영학과

103 북한의 재외동포정책
조정남 외 | 고려대 정치외교학과

104 사이버 공동체 형성의 역동적 모형
장용호 | 서강대 신문방송학과

105 기업이론과 기업의 소유지배구조
김일태 외 | 전남대 경제학부

106 가축분뇨 자원화를 위한 공동이용조직에 대한 농가선호도 분석
유덕기 | 동국대 생명자원경제학과

107 개혁정책과 전문가 집단
이경원 외 | 제주대 행정학과

108 현대 한국사회의 이중가치체계
신수진 외 | 이화여대 가정관리학과

109 한국의 산업구조 변화와 기업집단 다각화 전략
김용학 외 | 연세대 사회학과

110 지식정보사회의 경제적 모형 설정 및 사례 연구
김범환 | 배제대 경영정보학부

111 변호사징계제도
오종근 | 한림대 법학부

112 인터넷 특허법
김순석 | 광주대 법학과

113 e-비즈니스 시대의 금융 및 재정정책의 새로운 패러다임
이종욱 | 서울여대 경제학과

114 청소년의 하위문화와 정체성
조성남 | 이화여대 사회학과

115 디지털금융시대의 금융구조변화와 정부규제 및 정책
이충열 | 고려대 경제학부

116 지식경영을 위한 기업의 조직설계방안
김경수 외 | 전남대 경영학과

117 전자금융의 발달과 경제정책의 새로운 패러다임
이명훈 | 명지대 경제학과

118 동아시아의 안보와 유엔체제
강성학 편저 | 고려대 정치외교학과

119 유료 치매노인 그룹홈의 개발과 관련 정책
최정신 외 | 가톨릭대 소비자 · 주거학과

120 소비자 지향적 문화산업 정책
홍영준 | 호남대 광고홍보학과

121 국제 · 국가 · 지방 환경규제의 연계
정준금 외 | 울산대 행정학과

122 현행 회사 합병 · 분할제도의 평가와 개선방안
옥무석 외 | 이화여대 법학과

123 배려지향적 도덕성과 정의지향적 도덕성
정옥분 외 | 고려대 사범대학

124 기업구조조정에 대한 채권금융기관 및 금융감독기관의 역할과 책임
이중기 | 한림대 법학과

125 실업대책으로서 한국의 법정기준근로 시간 단축
박영범 | 한성대 경제학과

126 프랑스어의 비분리성 소유개념 표현
노윤채 | 연세대 언어정보연구원

127 지방채의 효율적 관리방안
강태구 | 호원대 법행정학부

128 21세기 산업구조 변화와 과학기술정책
임채성 외 | 그리스도신학대 경영정보학부

129 인터넷 쇼핑몰 이용자의 불평행동
예종석 | 한양대 경영학부

130 한국기업의 성과급제도 현황, 효과 및 개선방안
김성수 | 서울대 경영학과

131 전자상거래와 소비자보호
서민교 외 | 경일대 인터넷국제통상학과

132 평생학습 사회에서의 인적자원개발을 위한 사회적 파트너십 구축
김영화 | 홍익대 교육학과

133 한국 공교육의 새로운 구상과 전략
권대봉 외 | 고려대 교육학과

134 한국의 정부개혁
김태룡 | 상지대 행정학과

135 지방정부 생산성 측정의 이론과 실제
이은국 외 | 연세대 행정학과

136 불가 시문학론
배규범 | 경희대 학술연구 교수

137 남북경제교류의 법적 문제
제성호 | 중앙대 법학과

138 경제위기와 청소년 발달
구인회 | 서울대 사회복지학과

139 생명과학기술의 응용과 기본권보호적 한계
정상기 외 | 한남대 법학과

140 경제발전과 정치환경의 한・일 비교분석
정갑영 외 | 연세대 동서문제연구원

141 한국 공교육의 진단
윤정일 외 | 서울대 교육학과

142 우리나라 지방자치 발전을 위한 자치 단체장의 역할
정성호 외 | 경기대 사회과학부

143 의료보험제도의 개혁방안
권순원 | 덕성여대 경제학과

144 중등 도덕교육의 현실과 문제
손동현 외 | 성균관대 철학과

145 사이버공동체 발전론
이명식 | 상명대 경영학과

146 남북경협 확대에 대비한 북한 담보 제도의 정비방안
박훤일 | 경희대 법과대학

147 한국 공무원 인사제도 개혁
김판석 | 연세대 행정학과

148 교사화법 교육
임칠성 외 | 전남대 국어교육과

149 세계화의 문화정치학
임혁백 외 | 고려대 정치외교학과

150 효과적인 e-SCM을 위한 의사결정 조정 시스템 모형
이원준 | 성균관대 경영학부

151 환경거버넌스
김종순 외 | 건국대 행정학과

152 자동차산업의 인적자원관리
이덕로 | 서원대 경영학부

153 한국과 영국 간 지식기반산업 비교
이명호 | 한국외대 경영학과

154 한국 벤처기업의 기술네트워킹 및 기술마케팅 전략
장영일 | 인제대 경영학부

155 회사변호사의 윤리
오승종 | 성균관대 법과대학

156 미디어교육론
이정춘 | 중앙대 신문방송학과

157 조선시대 서원과 양반
윤희면 | 전남대 역사교육과

158 환경문제와 철학
박찬국 | 서울대 철학과

159 노인보건복지 이론과 실제
김명 외 | 이화여대 보건교육학과

160 북한의 법체계
권재열 외 | 숭실대 법학과

161 생명공학기술의 안전성 확보에 관한 법적 고찰
이재협 | 경희대 법학부

162 청소년복지학
김성이 외 | 이화여대 사회복지학과

163 변화하는 세계, 변화하는 복지국가
조영훈 | 동의대 사회복지학과

164 의리의 윤리와 한국의 유교문화
김낙진 | 진주교대 도덕교육과

165 미국의 통상정책과 통상법
윤충원 | 전북대 무역학과

166 사회복지 프로그램 평가
김학주 | 경상대 사회복지학과

167 환경주의와 지속가능한 발전
정대연 | 제주대 사회학과

168 무역과 환경
김기흥 외 | 경기대 경제학부

169 산업계 유해폐기물의 위험과 관리
김금수 | 호서대 경상학부

170 백범 김구의 지적 계발과정 탐색
문용린 | 서울대 교육학과

171 태평양전쟁 발발 이후 일제의 인적 지배와 그리스도교계의 대응
윤선자 | 전남대 사학과

172 거버넌스 상황에서 갈등관리를 위한 대체적 분쟁해결제도
서순복 | 광주대 법정학부

173 시장경제의 유형과 민주주의
최배근 | 건국대 경상학부

174 일본고전소설 총론
김현정 | 국립한국전통문화학교

175 국어 교육을 위한 국어 문법론
이관규 | 홍익대 국어교육과

176 율곡의 군주론
전세영 | 부산교대 윤리교육과

177 동북아시아 환경협력
정서용 | 명지대 법학과

178 기후변화협약과 기후정책
신의순 외 | 연세대 경제학과

179 인터넷과 국제 학술정보 네트워크-하이퍼링크 분석
박한우 | 영남대 언론정보학과

180 국내 기업복지의 활성화 방안
최수찬 | 연세대 사회복지대학원

181 세계화와 인간안보
김우상 외 | 연세대 정치외교학과

182 세계문화유산 종묘 이야기
지두환 | 국민대 국사학과

183 한국 평생교육의 사회철학적 과제
곽삼근 | 이화여대 교육학과

184 강점모델
정순둘 | 이화여대 사회복지학과

185 글로벌시대의 계약법
박영복 | 한국외대 법과대학

186 배심제와 시민의 사법참여
안경환 | 서울대 법학과

187 동북아공동체
김재한 | 한림대 정치외교학과

188 정치 참여와 탈물질주의
김욱 | 배재대 정치외교학과

189 퍼지전문가회로망을 이용한 금융기관의 사이버 기업여신결정 지원시스템의 개발
권혁대 | 목원대 경영학과

190 환경정책과 환경법
송인성 | 전남대 지역개발학과

191 포스트모던 시대의 평생교육학
한숭희 | 서울대 교육학과

192 현대 한국인의 세대경험과 문화
박길성 외 | 고려대 사회학과

193 서구의 근로연계복지
김종일 | 건국대 사회복지학과

194 사회복지운동론
현외성 | 경남대 사회복지학과

195 외국의 역모기지 사례
유선종 | 건국대 부동산학과

196 옛이야기와 어린이문학
이지호 | 진주교대 국어교육학과

197 노인사회복지관광의 정책과제와 방안
김창수 | 경기대 관광학부

198 복지서비스의 민간위탁 시스템 분석
김순양 | 영남대 행정학부

199 새로운 빈곤층의 대두와 정부의 정책과제
김진욱 | 건국대 경제학과

200 문화행정론
김정수 | 한양대 행정학과

201 스칸디나비아 노인용 코하우징의 계획과 적용
최정신 외 | 가톨릭대 생활과학부

202 북한의 자연생태계
공우석 | 경희대 지리학과

203 통계로 이해하는 러시아
전홍찬 | 부산대 정치외교학과

204 사회복지법인의 경영과 회계
이동규 | 충남대 회계학과

205 의약분업 정책과정
차흥봉 | 한림대 사회복지학과

206 지역공동체와 평생교육
오혁진 | 동의대 평생교육학부

207 아동보호서비스의 실제
한미현 | 백석대 사회복지학부

208 그린마케팅
박재기 | 충남대 경영학부

209 아동권리와 아동복지
이혜원 | 성공회대 사회복지학과

210 국제 이주와 인도인 디아스포라
김경학 | 전남대 인류학과

211 질병과 의료의 사회학
조병희 | 서울대 보건대학원

212 북한이탈주민의 사회통합을 위한 지역복지실천의 모색
이기영 | 부산대 사회복지학과

213 치매노인케어론
조유향 | 초당대 간호학과

214 노인상담입문
서혜경 외 | 한림대 대학원 사회복지학과

215 '통일 이후 통일과정'으로서의 독일 통일영화
이준서 | 이화여대 독어독문학과

216 중국의 사회보장
오정수 | 충남대 사회복지학과

217 환경자원의 경제적 가치와 환경오염의 사회적 비용
김재홍 | 울산대 사회과학부

218 사회복지프로그램의 경제적 평가방법
박창제 외 | 상주대 사회복지학과

219 자유의지와 결정론
안건훈 | 강원대 철학과

220 심리학자들이 쓴 행복한 결혼의 심리학
채규만 외 | 성신여대 심리학과

221 현대 해석학 강의
양해림 | 충남대 철학과

222 한국인의 주거 빈곤과 공공주택
하성규 | 중앙대 도시 및 지역계획학과

223 IMF 경제위기와 한국 출산력의 변화
김두섭 | 한양대 사회학과

224 동아시아의 영토분쟁과 국제법
이석우 | 인하대 법학부

225 독일 복지국가와 사회복지서비스
정재훈 | 서울여대 사회사업학과

226 사회복지사를 위한 실용 비모수통계
엄명용 | 성균관대 사회복지학과

227 피해자학 연구
이윤호 | 동국대 경찰행정학과

228 광고언어창작론
박영준 외 | 부경대 국어국문학과

229 환경규제 패러다임의 전환
한철 | 한남대 법학과

230 고령사회의 노동환경변화와 고용 시스템의 문제점 및 법적 대응
고준기 | 국립군산대 법학과

231 세계화와 소득불평등
이성균 외 | 울산대 사회과학부

232 유비쿼터스 사회의 이해
안중호 외 | 서울대 경영학과

233 국제환경책임법론
박병도 | 건국대 법학과

234 한국의 선거와 민주주의
윤종빈 | 명지대 정치외교학과

235 한국 시민운동의 구조와 동학
조대엽 외 | 고려대 사회학과

236 또래관계
송영혜 | 대구대 재활심리학과

237 해외 한국기업과 현지인 노동자
석현호 외 | 에스콰이아학술문화재단

238 독일 국가복지에서 민간복지단체의 역할과 의미
차성환 외 | 한일장신대 사회복지학부

239 청정공학
조정호 | 동양대 생명화학공학과

240 한국전통연희론
심상교 | 부산교육대 국어교육학과

241 정신장애와 가족
서미경 | 경상대 사회복지학부

242 빈곤통계의 작성과 활용
김주환 | 동국대 정보통계학과

243 인터넷과 한국정치
강원택 | 숭실대 정치외교학과

244 북한의 시장경제이행
정영화 외 | 서경대 법학과

245 시스템사고로 본 지속가능한 도시
문태훈 | 중앙대 도시및지역계획학과

246 실버산업과 유비쿼터스 컴퓨팅
고일상 | 전남대 경영학부

247 재활상담과 사례관리
나운환 | 대구대 직업재활학과

248 영유아교육기관에서의 장애 이해 교육
유수옥 | 우석대 유아특수교육과

249 장애의 사회적 의미와 사회통합
박수경 | 대진대 사회복지학과

250 경제분석의 수리적 기초
조인성 | 공주대 경제통상학부

251 비영리부문의 비교연구
김승현 | 서울산업대 행정학과

252 고등교육경제학
반상진 | 전북대 교육학과

253 과학윤리교육의 이론과 방법
조희형 | 강원대 과학교육학부

254 결혼이민자가족의 이해
김오남 | 대불대 사회복지학과

255 동아시아 국가의 공공부조
신동면 | 경희대 사회과학부

256 특수아동 진단 및 평가
이나미 | 대불대 특수교육과

257 계약형 사회복지와 권리옹호시스템
이명현 | 경북대 상주캠퍼스 사회복지학과

258 실내공기질 및 위해성 관리
양원호 | 대구가톨릭대 산업보건학과

259 충남 방언 문법
한영목 | 충남대 국어국문학과

260 교육권론
노기호 | 군산대 법학과

261 도시경관계획론
임승빈 | 서울대 조경 · 지역시스템공학부

262 교통의 새로운 패러다임
김형철 | 경원대 도시계획 · 조경학부

263 노인의 삶의 질 향상을 위한 주거환경 디자인
천진희 | 상명대 디자인대학 실내디자인전공

264 사회복지와 문화
박병현 | 부산대 사회복지학과

265 장애인복지의 이론과 실제
이선우 | 인제대 사회복지학과

266 창의성 개발을 위한 디자인교육 콘텐츠
김선영 | 인천가톨릭대 조형예술대학 환경디자인학과

267 구성주의 사회복지 실천 기술론
고미영 | 서울신학대 사회복지학과

268 장애아교육학
김기흥 | 부산교육대 유아교육과

269 지역사회복지와 자원부문
한상진 외 | 울산대 사회학과

270 환경관리회계
육근효 | 부산외국어대 회계학부

271 인권 관점에서 보는 장애인복지
유동철 | 동의대 사회복지학과

272 정신증상
송지영 | 경희대 의과대학병원 신경정신과

273 사이버공간의 사회심리학
이성식 외 | 숭실대 정보사회학과

274 노인에 대한 사회적 돌봄과 돌봄 서비스의 질 보장
최희경 | 신라대 가족노인복지학과

275 아동 심리치료의 실제
신현균 | 전남대 심리학과

276 사회복지와 위험관리
노충래 | 이화여대 사회복지전문대학원

277 국제 탄소시장의 이해
양승룡 | 고려대 식품자원경제학과

278 타자의 초상
신문수 | 서울대 영어교육과

279 한국정치와 환경정치
나정원 | 강원대 정치외교학과

280 북한이주민
윤인진 | 고려대 사회학과

281 음주의 사회경제적 비용
정우진 외 | 연세대 보건대학원

282 지방정치와 동북아 도시거버넌스
박재욱 | 신라대 행정학과

283 노숙인 복지론
남기철 | 동덕여대 사회복지학과

284 유럽통합과정과 지역협력
이규영 | 서강대 국제대학원

285 사회복지재정 연구
지은구 | 계명대 사회과학대학 사회복지학과

286 지역사회 교육개혁을 위한 시민사회 조직의 참여
김영화 | 홍익대 교육학과

287 복지사회를 대비한 국민연금의 구조개혁
박영석 외 | 서강대 경영학부

288 한미 FTA 지재권 협상에 따른 의약품 분야 사회후생 변화
오근엽 | 충남대 무역학과

289 산업입지, 환경 그리고 지역경제
이기동 외 | 계명대 국제통상학과

290 감성지능 개발을 통한 삶의 질 향상
김경수 외 | 전남대 경영학부

291 교육복지론
이용교 외 | 광주대 사회복지학부

292 인간과 행복에 대한 철학적 성찰
박찬국 | 서울대 철학과

293 유럽연합의 사회통합 사례와 교훈
이무성 | 명지대 정치외교학과

294 민영화와 사회후생
이상호 | 전남대 경제학부

295 북한의 교육학 체계 연구
최영표 외 | 동신대 교육대학원

296 한국 지속가능발전의 구조와 변동
정대연 | 제주대 사회학과

297 우리나라의 공익 연계 마케팅에 관한 연구
임승희 | 전주대 경영학부

298 시각장애인복지론
김영일 | 조선대 특수교육과

299 그린에너지와 환경촉매
정석진 | 경희대 화학공학과

300 취약학교 초등학생을 위한 온라인 보건교육 프로그램
박경옥 | 이화여대 보건관리학과

301 신탁제도를 통한 고령자의 보호와 지원
최수정 | 서강대 법학전문대학원

302 사회적 약자계층에 대한 실태분석 및 정책방안
이은우 외 | 울산대 경제학과

303 한류 문화와 동북아 공동체
최혜실 | 경희대 국어국문학과

304 노동유연화와 해고보호법
권혁 | 부산대 법학전문대학원

305 사회복지 위험관리의 이해
박미은 | 한남대 사회복지학과

306 의료기관의 회계와 세무
노준화 | 충남대 경영학부

307 여성인적자원의 전문성 확보를 위한 경력개발
백지연 | 이화여대 국제사무학과

308 정신병리
강선경 | 서강대 신학대학원

309 바다의 반란 적조
윤양호 | 전남대 해양기술학부

310 한국 장애인 복지 발달사
이성규 | 서울시립대 사회복지학과

311 서양예술 속의 동양 탐색
진상범 | 전북대 독어독문학과

312 한국인의 도덕성 발달 진단
문용린 | 서울대 교육학과

313 영국정치와 국가복지
고세훈 | 고려대 공공행정학부

314 인간학적 사유를 여는 중도 · 중복장애 교육학
이숙정 | 단국대 특수교육과

315 개별화 교육과정
이소현 | 이화여대 특수교육과

316 인간의 긍정적 성품
권석만 | 서울대 심리학과

317 지방자치와 지역여성의 전망
이혜숙 | 경상대 사회학과

318 한국 현대 노년소설 연구
전흥남 | 한려대 교양학부

319 정보격차 해소를 위한 창의적 정보교육 프로그램
이영준 외 | 한국교원대 컴퓨터교육과

320 한국 가족과 젠더
손승영 | 동덕여대 교양학부

321 한국의 복지혼합
김진욱 | 서강대 신학대학원

322 사회자본과 자원봉사
김태룡 외 | 상지대 행정학과

323 농촌교육복지연구
박삼철 | 단국대 교양학부

324 사회정체성 평가 차원에 대한 국제 비교조사
이명진 | 고려대 사회학과

325 캐나다 복지국가 연구
조영훈 | 동의대 사회복지학과

326 한국의 소수자운동과 인권정책
전영평 외 | 서울대 행정대학원

327 한국과 미국의 보육서비스 전달체계와 품질 비교분석
김근세 외 | 성균관대 국정관리대학원

328 한국사회의 소득불평등과 국민 의료이용
이용재 | 호서대 사회복지학과

329 정보시대의 인간안보
조화순 | 연세대 정치외교학과

330 가족의 사회경제적 특성과 아동발달
김광혁 | 전주대 사회복지학과

331 초 · 중 · 고등학생의 학업소진 진행과정 및 경로분석
이상민 | 고려대 교육학과

332 다문화사회의 사법통역
이지은 | 이화여대 통역번역대학원

333 동아시아 지역주의
유현석 | 경희대 정치외교학과

334 환경친화적 공공시설관리와 지역공동체의 삶의 질
이소영 | 중앙대 실내디자인 · 주거환경학과

335 의료보험의 법정책
김나경 | 성신여대 법과대학

336 양극화 시대 가족해체와 청소년의 적응에 관한 한국과 미국의 비교 연구
오승환 외 | 울산대 사회복지학과

337 기업의 사회적 책임과 지역경제사회발전 연구
허영도 외 | 울산대 경영학부

338 노인의 삶의 질 향상을 위한 온라인 소셜 네트워크 구축 방안
김진우 | 연세대 경영학과

339 청소년 생활역량
윤명희 외 | 동의대 평생교육학과

340 외국인 배우자의 다양성과 국제결혼의 안정성
김두섭 | 한양대 사회학과

341 정보인권의 규범구체화
이민영 | 가톨릭대 법학과

342 한국 사회복지실천의 고유성
최성재 외 | 서울대 사회복지학과

343 스웨덴의 환경책임 실천모형
최희경 | 경북대 행정학부

344 자율운동과 주거공동체
윤수종 | 전남대 사회학과

345 한국인의 공공봉사동기
김상묵 | 서울과학기술대 행정학과

346 한국 이혼가정 아동의 성장
김혜숙 | 경인교육대 교육학과

347 동양 사상과 노인 복지
홍승표 외 | 계명대 사회학과

348 노동과 사회보장의 연계
오문완 | 울산대 법학과

349 학습장애 위험군 아동의 조기선별을 위한 읽기검사 표준화 연구
김애화 외 | 단국대 특수교육학과

350 신 · 재생에너지에 기초한 녹색성장과 사회통합
김인호 | 이화여대 법학전문대학원

351 문화교류역량과 다문화 경영이 기업 경영성과에 미치는 영향
임병학 외 | 부산외대 경영학부

352 빈곤영유아의 발달과 적응
정익중 외 | 이화여대 사회복지학과

353 민사법질서와 인권
양천수 | 영남대 법학전문대학원

354 성년후견제도와 사회복지제도의 연계
신권철 | 서울시립대 법학전문대학원

355 한국 다문화사회의 이방인
김순양 | 영남대 행정학과

356 현대 시민사회와 소비자계약법
이병준 | 한국외대 법학전문대학원

357 개인의 사회적 정보보호를 위한 공공 정보서비스 개선 연구
장항배 | 상명대 경영학과

358 여성교육투자에 대한 교육경제학적 탐색
백일우 외 | 연세대 교육학부

359 사회적 기업과 지속가능한 지역발전
임업 외 | 연세대 도시공학과

360 다문화가정 구성원에 대한 투트랙 한국어 교육방안 연구
박시균 | 군산대 국어국문학과

361 아시아의 빈곤과 한국기업의 역할
한인수 | 충남대 경영학부

362 유치원 · 초등학교 연계 환경교육
박희숙 | 공주대 유아교육학과

363 비정규 고용과 사회정책
구인회 외 | 서울대 사회복지학과

364 사생활의 자유에 관한 비교법적 연구
이창현 | 서강대 법학전문대학원

365 다중융합 환경 기반의 미디어스킨을 활용한 문화콘텐츠 디자인 적용방안에 관한 연구
오문석 외 | 광운대 미디어영상학부

366 북한이탈주민 여성의 성인식 관련 기초조사
한인영 외 | 이화여대 사회복지학과

367 노인주택 파노라마
유선종 | 건국대 부동산학과

368 시설보호 청년의 적응
정선욱 | 덕성여대 사회복지학과

369 다수 집단과 소수 집단의 심리
김혜숙 | 아주대 심리학과

370 바이오 휴머니티
권택영 | 경희대 영어학부

371 프랑스 다문화교육의 이해
이경수 | 상명대 불어교육과

372 한 · 중 서비스산업의 비교분석과 교역 확대 방안
김상호 | 리츠메이칸 아시아태평양대 국제경영학부

373 현대의학에 있어서 생명의 시간과 인간의 존엄
김학태 | 한국외대 법학전문대학원

374 0~3세 영유아의 영상물 과몰입 실태조사 및 정신건강증진 프로그램 개발과 적용
이경숙 | 한신대 재활학과

375 복지국가의 조세와 정치
양재진 외 | 연세대 행정학과

376 청소년기 자살행위 실태와 관련 요인
박선희 | 경희대 간호과학대학

377 기술혁신에 따른 지역 간 정보격차
최정혜 외 | 연세대 경영대학

378 한국 사회의 이중구조와 생애주기적 불평등
안상훈 편 | 서울대 사회복지학과

379 소비자의 친환경행동에 영향을 미치는 사회적 · 경제적 가치에 대한 고찰
송재기 | 텍사스테크대 경영학과

380 어머니 양육행동 관련 변인들과 유아 사회정서행동 간의 구조모형 분석
심숙영 | 숙명여대 원격대학원

381 조선족 여성, 동남아시아 여성 그리고 새터민의 적응 유형 분석 및 삶의 질 향상 방안 모색
정태연 | 중앙대 심리학과

382 세계의 연금, 한국의 연금
허만형 | 중앙대 공공인재학부

383 노인요양원과 문화 변화
최재성 | 연세대 사회복지학과

384 시민사회와 국제개발협력
손혁상 | 경희대 공공대학원

385 복지국가의 변화와 빈곤정책
김윤태 | 고려대 사회학과

386 다문화가정의 미디어 이용과 사회적 자본의 관계
진창현 | 경기대 경영학과

387 사회진출 대졸 초년생의 탄력성 변화 양상
이상민 | 고려대 교육학과

388 사회자본과 경제발전 그리고 정부의 질
도수관 | 대구가톨릭대 행정학과

아 | 산 | 재 | 단 | 연 | 구 | 보 | 고 | 서

1 한국인의 도덕성 연구
배해수 | 고려대 국문학과

2 산업화와 청소년 진로
이원호 | 울산대 교육학과

3 공동체의식과 시민운동
김영섭 | 한양대 행정학과

4 한국청년의 삶의 의미 충족도와 만족적 태도
안정수 | 경희대 철학과

5 중국조선족의 사회발전과 한・중관계의 위상
손장권 | 고려대 사회학과

6 해송림 "솔껍질깍지벌레"의 천적 및 주요 종의 생태
김규진 | 전남대 농생물학과

7 사회정의와 실천윤리
박종대 | 서강대 철학과

8 동구개혁의 영향
김달중 | 연세대 정치외교학과

9 한국청소년의 의식세계
김문조 | 고려대 사회학과

10 고강도 철근 콘크리트 구조의 실용화
정헌수 | 중앙대 건축학과

11 신기술의 연관형태 및 출현예측의 구조모형
권철신 | 성균관대 산업공학과

12 민간기업의 연구개발을 위한 조세정책
권영훈 | 한양대 경제학부

13 기술개발 활성화방안
송승구 | 울산대 화학공학부

14 부패의 현상과 진단
이문조 | 영남대 정치외교학부

15 연구투자의 지역적 편중화와 부산지역의 기초과학연구 활성화방안
윤웅찬 | 부산대 화학과

16 GATT의 신구 덤핑방지협정과 그 대응방안
전창원 | 동국대 무역학과

17 한국사회의 도덕성 제고를 위한 진단과 처방
황경식 | 서울대 철학과

18 새로운 노사관계 방향
이진규 외 | 고려대 경영학과

19 21세기 동북아 정세예측과 한국의 전략적 대응방안
최평길 외 | 연세대 행정학과

20 소련의 한국에 대한 정책목표분석
신승권 | 한양대 정치외교학과

21 메모리 커패시터용 $Pb(Zr_xTi_{1-x})O_3$ 강유전체 박막의 제작과 특성
장지근 외 | 단국대 전자공학과

22 러시아 국제법학의 전통
김용구 | 서울대 외교학과

23 유럽연합의 현황과 전망
김동현 외 | 성균관대 행정학과

24 중국의 정치동원
송영우 외 | 건국대 정치외교학과

25 산업적 활용을 위한 이동로보트 시스템의 개발
박민용 외 | 연세대 전자공학과

26 중국조선족의 정치사회화과정과 동화적 국민통합의 방향
전인영 외 | 이화여대 사회생활학과

27 공적부조의 이론과 실제
최일섭 외 | 서울대 사회복지학과

28 대외통상환경의 변화와 법제개편
서헌제 | 중앙대 법학과

29 기업금융의 국제화
최생림 | 한양대 경영학부

30 자동차부품공업의 노사관계
김호진 외 | 고려대 행정학과

31 산업화 과정에서의 한국가족의 실태와 전망
정창수 외 | 성균관대 사회학과

32 공무원 가치관 실태와 정립방안
배병룡 외 | 경상대 행정학과

33 해외귀국청소년의 국내적응연구
이장영 | 국민대 사회학과

34 초고속정보통신망에서 LAN서비스 제공방안
이재용 | 연세대 전자공학과

35 WTO체제의 정책적 대응
김병진 외 | 경희대 행정학과

36 유럽의 통합정치
최수경 외 | 충남대 정치외교학과

37 유기질폐기물을 이용한 고단백사료원인 조류의 생산공정
최정우 외 | 서강대 화학공학과

38 초고속정보통신망의 수용성과 정책방향
박영상 외 | 한양대 신문방송학과

39 중국의 강남사회와 한중교섭
조영록 외 | 동국대 사학과

40 세계화시대의 사회·문화의식
신행철 외 | 제주대 사회학과

41 국내 외국인 노동자의 문제와 대책
성규탁 외 | 연세대 사회복지학과

42 노인인력 활용정책과 프로그램
김정후 외 | 강원대 법과대학

43 한일간 학술교류 현황과 활성화방안
정홍익 외 | 서울대 행정대학원

44 계량모형에 의한 한일 경제관계의 이해
김명직 외 | 한양대 경제학부

45 직장인의 음주행태와 삶의 질
진기남 외 | 연세대 보건행정학과

46 유통정보 시스템의 구조와 설계
정용길 | 충남대 경영학과

47 남북통일 이후 사회통합을 위한 교육의 역할
안기성 외 | 고려대 교육학과

48 대중음악에 심취한 청소년들의 심리적 특성
김인경 외 | 연세대 인간행동연구소

49 멀티미디어 시스템을 활용한 교육환경의 개선방안
김한일 | 제주대 컴퓨터교육학과

50 탈냉전기 한일관계의 쟁점
최상룡 | 고려대 정치외교학과

51 자치시대 새로운 '삶의 질' 지표의 모색
김형기 외 | 경북대 경제통상학부

52 유럽통합의 역내외 협력과 갈등
이호재 외 | 고려대 정치외교학과

53 21세기를 대비한 신노사관계
김재원 | 한양대 경제학부

54 대학의 시간제학생 등록제
안규철 외 | 전남대 교육학과

55 21세기에 대비한 방송통신정책
한진만 외 | 강원대 신문방송학과

56 주민참여를 통한 혐오시설 관리운영방안
박균성 외 | 경희대 법학부

57 여성의 정치적 권리인식과 정치참여
전경옥 외 | 숙명여대 정치외교학과

58 한국인 위장질환과 식생활·환경요인 및 *H. pylori* 감염과의 관계
이양자 외 | 연세대 식품영양학과

59 학생과 시민의 자원봉사활동
윤정일 외 | 서울대 교육학과

60 동북아 환경문제와 지역환경협력의 모색
신연재 외 | 울산대 정치외교학과

61 노인 자원봉사활동을 통한 사회통합 프로그램 개발
김동배 | 연세대 사회복지학과

62 물류정보 시스템
김태현 | 연세대 경영학과

63 전자식 문서교환을 이용한 항공화물 운송체계
민재형 | 서강대 경영학과

64 청소년과 성
이근후 | 이화여대 의과대학

65 민족통합과 무궁화호 위성의 남북한 공동활용방안
방정배 | 성균관대 신문방송학과

66 채식주의가 20대 여성의 영양상태와 에스트로겐 대사에 미치는 영향
성미경 | 숙명여대 식품영양학과

67 가상정보공간을 통한 지역개발 활성화 전략
유재천 외 | 한림대 언론정보학부

68 조산아 관리현황 및 정책수립 방안
박상기 외 | 조선대 의과대학

69 남북한관의 의식조사와 통일교육 개선방안
김동규 외 | 고려대 북한학과

70 동양 전통 자연사상 탐구
장동순 | 충남대 환경공학과

71 초고속정보망의 시뮬레이터 구현
한기준 | 경북대 컴퓨터공학과

72 유통원가 시스템의 유효성
정다미 | 명지대 경영학과

73 국악과 문화관광의 만남
정익준 외 | 동아대 국제관광통상학부

74 기업의 지식경영 활용사례
김창은 | 명지대 산업공학과

75 선진국과 한국의 직업교육·훈련제도의 특성과 한계
정주연 | 고려대 경제학과

76 제주지역 성인 여성의 자원봉사활동
이상철 외 | 제주대 사회학과

77 M&A와 문화충돌 관리
박원우 | 서울대 경영학과

78 폐금속광산 인근 주민들의 중금속 오염실태
정종학 외 | 영남대 의학과

79 북한 농촌·농업실태와 인력자원개발 시스템을 통한 북한 농민의 구호방안
박성열 | 건국대 교육공학과

80 중소 소매점의 경쟁력과 소매성과
채명수 외 | 한국외대 무역학과

81 고령자를 위한 쾌적한 실내온도와 착의량의 설정
정운선 | 안동대 의류학과

82 지역문화 이벤트 PR
박종민 | 경희대 언론정보학부

83 인터넷 지역정보화의 실태와 전략
유평준 외 | 연세대 행정학과

84 여성 삶의 질 향상을 위한 사회교육 활성화 방안
김양희 | 중앙대 가족복지학과

85 벤처기업과 벤처금융
강대석 외 | 충남대 무역학과

86 구조조정기에 있어서 실업대책과 사회안전망 구축
박천익 | 대구대 경제학과

87 한국 유아의 조기교육
이명조 외 | 한국외대 교육대학원

88 남북한 경제공동체 형성전략
이상만 | 중앙대 경제학과

89 지방자치회계의 투명성과 주민의 알 권리
권찬태 외 | 경북대 경영학부

90 정치지도자의 정책리더십
이해영 | 경일대 행정학과

91 경제위기와 한국인의 복지의식
신광영 외 | 중앙대 사회학과

92 북한의 노동
김강식 | 한국항공대 경영학과

93 우리나라 중소기업의 정보기술 활용 현황과 경쟁력 강화를 위한 제안
정승호 | 부산외대 정보시스템학과

94 인간배아복제의 법적 · 윤리적 문제점과 그 해결방안
최병규 | 한경대 법학부

95 가치변화에 따른 투표행태
조찬래 외 | 충남대 정치외교학과

96 인터넷 경매에서의 계약체결과 소비자 보호
이기수 외 | 고려대 법과대학

97 세계화시대 남북한 통합의 방향과 과제
윤민재 | 서울대 사회발전연구소

98 글로벌 시대 지방정부의 문화마케팅 전략
박흥식 | 중앙대 행정학과

99 대졸여성실업의 실태분석 및 대학-노동 시장 간 효율적 연계방안
이은우 외 | 울산대 사회과학부

100 그린 투어리즘의 분석
이응진 | 대구대 관광학부

101 지방자치단체장의 부정부패
오일환 | 한양대 아태지역연구센터

102 산업화가 유교체제하 중국여성의 지위에 미친 영향
천성림 | 배재대 사회과학연구소

103 움직이는 말하기
유혜숙 외 | 나사렛대 교양학부

104 장애학생을 위한 특수교육공학의 활용
김용욱 | 대구대 중등특수교육과

105 지식기반사회의 평생교육 이해와 평생교육 프로그램 개발
박성열 | 건국대 교육공학과

106 N세대의 미술교육
김동철 | 대구교육대 미술교육학과

107 노후계획과 투자
권택호 | 여수대 국제통상학과

108 영화산업
양영철 | 경성대 연극영화학부

109 동유럽의 변혁과 언론의 역할
정대수 | 경남대 정치언론학부

110 환율, 임금, 물가가 국제경쟁력 및 수출입산업에 미치는 영향
하인봉 | 경북대 경제통상학부

111 일본기업의 기술혁신 전략
위정현 | 중앙대 상경학부

112 노후보장정책과 역저당연금제도
조덕호 외 | 대구대 행정학과

113 유비쿼터스 라이프와 미래 사회
김석수 | 한남대 멀티미디어공학과

114 죽음과 관련된 생명윤리적 문제들
구인회 | 가톨릭의과대 인문사회과학교실

115 경제적 세계화와 빈곤문제, 그리고 국가
김준현 | 한일장신대 인문사회과학부

116 한국의 세계불교유산
김종명 | 한국학중앙연구원 한국학대학원

117 복지레저서비스론
고태규 | 한림대 국제학부

118 자생적 철학체계로서 인간중심철학
선우현 | 청주교대 윤리교육과

119 전략적 통합과 한반도 평화체제
김승채 | 고려대 정책대학원

120 환경사법론
전경운 | 경희대 법학부

121 인터넷 자료를 통해 본 한국의 이혼 문화와 사회복지
성정현 외 | 협성대 사회복지학과

122 유럽연합의 사회정책에 관한 연구
문진영 | 서강대 신학대학원 사회복지학과

123 여성건강의 통합적 관점
김혜원 | 관동대 간호학과

124 복잡계 네트워크 과학
강병남 | 서울대 물리천문학부

125 경제적인 3세대 전원주택 개발
박근준 | 호서대 건축공학과

126 사회복지와 인적자원개발
이상일 | 인제대 국제경상학부